受到父母无限宠爱的人，一生都保持着征服者的感情，也就是保持着对成功的信心，在现实中也经常取得成功。

WO DE SHIYE SHI FUQIN

我的事业是父亲

蔡笑晚 ◎ 著

电子工业出版社
Publishing House of Electronics Industry
北京·BEIJING

未经许可，不得以任何方式复制或抄袭本书之部分或全部内容。
版权所有，侵权必究。

图书在版编目（CIP）数据

我的事业是父亲：畅销百万册纪念版 / 蔡笑晚著.
北京：电子工业出版社，2025. 2. -- ISBN 978-7-121-49647-9

Ⅰ. G78

中国国家版本馆CIP数据核字第20257KF179号

责任编辑：潘　炜
印　　刷：三河市君旺印务有限公司
装　　订：三河市君旺印务有限公司
出版发行：电子工业出版社
　　　　　北京市海淀区万寿路173信箱　邮编：100036
开　　本：720×1000　1/16　印张：14.25　字数：172.6千字
版　　次：2007年5月第1版
　　　　　2025年2月第4版
印　　次：2025年2月第1次印刷
定　　价：52.00元

凡所购买电子工业出版社图书有缺损问题，请向购买书店调换。若书店售缺，请与本社发行部联系，联系及邮购电话：（010）88254888，88258888。
质量投诉请发邮件至zlts@phei.com.cn，盗版侵权举报请发邮件至dbqq@phei.com.cn。
本书咨询联系方式：（010）88254210，influence@phei.com.cn，微信号：yingxianglibook。

第一排左起：蔡天师、蔡天君、
　　　　　蔡笑晚、蔡天西、
　　　　　谢小湘、蔡天润
第二排左起：蔡天文、蔡天武

（摄于1983年7月）

瞧，这一家子

　　大儿子蔡天文，康奈尔大学博士毕业，现为美国宾夕法尼亚大学最年轻的终身教授之一，还担任美国国家基金会的审稿工作；二儿子蔡天武，十九岁考上诺贝尔奖获得者李政道主办的留美CASPEA博士班，现为美国高盛公司副总裁；小女儿蔡天西，二十二岁哈佛大学博士毕业，二十八岁就成为哈佛大学最年轻的副教授之一，她指导的博士生比她大十二岁。

（摄于2002年12月）

第一排左起：蔡文姬、蔡玄烨、蔡玄嘉
第二排左起：蔡天武、谢小湘、蔡笑晚、蔡天文、余昀
第三排左起：蔡天西、韦莉梅、蔡天君、蔡天师、沈小勤、蔡天润、顾陶洪

2000年6月，蔡天西哈佛大学博士毕业典礼期间，哈佛大学博士生导师L. J. Wei教授、生物统计学泰斗Marvin Zelen教授问作者教子经。

（摄于 1985 年 8 月）

早在 20 世纪 70 年代末，一家八口人挤在 32 平方米的小屋里，连温饱还成问题的时候，作者就千方百计地设计了走遍大江南北的旅行路线图。

（摄于 1978 年 9 月）

作者给孩子自制的存折

存折上与其说存的是钱,不如说是孩子们的学习成绩、一点一滴的进步。逢年过节,孩子们就把存折上的数字兑换成零花钱,高高兴兴地挑选自己喜爱的东西。

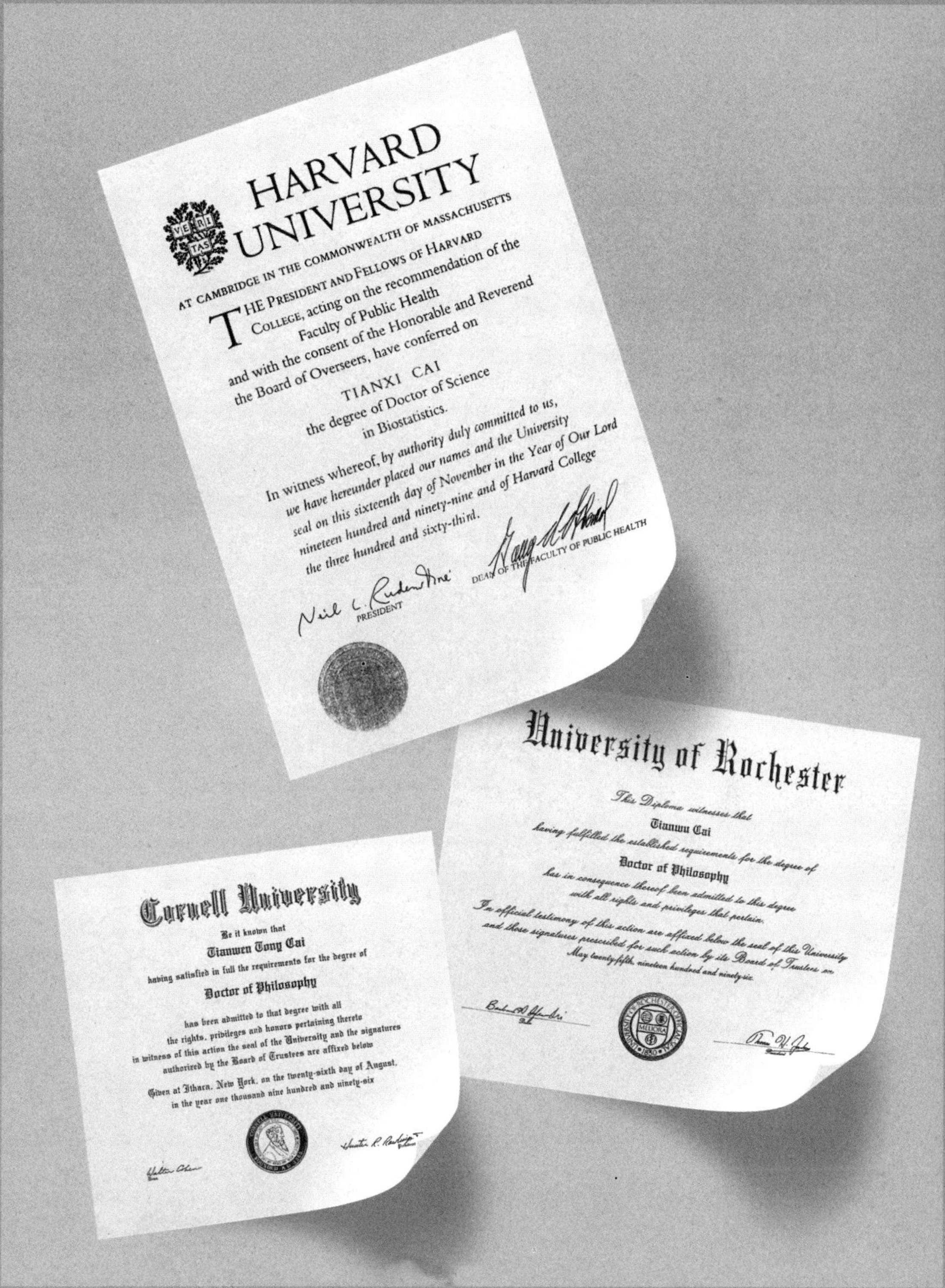

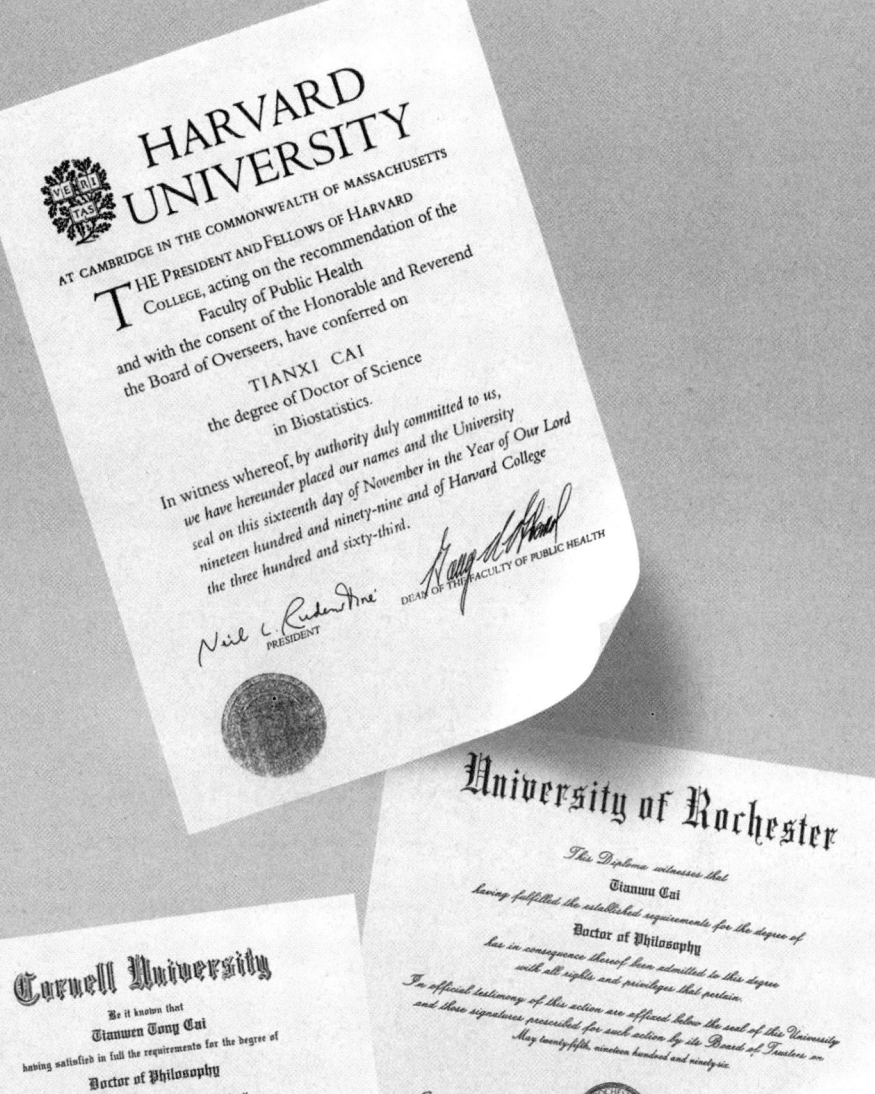

蔡天西的哈佛大学博士毕业证
蔡天武的罗切斯特大学博士毕业证
蔡天文的康奈尔大学博士毕业证

科学家钱学森写给本书作者的亲笔信

作者以顽强的自学精神感召孩子们自觉刻苦学习，并写就《封闭宇宙模型与欧几里得黑洞》《神经生理解剖学中的测不准原则》等数篇高质量的科学论文，因此收到著名科学家钱学森的亲笔回信。

> 浙江省瑞安县莘塍镇538号
> 蔡笑晚同志：
> 　　九月二日来信及文稿三篇都收到。您对我说的那些话，我不敢当，因为我不懂医学，更不是一个医生。我那几篇东西只想讲西个问题：1)人体以及人·天是个非常复杂的巨系统，2)因此研究人体科学要靠系统学。我说不懂医道，怎么又敢这样讲呢？我引为依据的实是辩证唯物义、历史唯物义，是几千年人民的实践，是科学发展史。也因为如此，我大概只能起这么个头，下面的文章要靠大家了，靠您这样的同志们了。
> 　　您的文章我转给《自然杂志》编辑部了，他们会同您联系。
> 　　　　　　　　　　　　此致
> 敬礼！
> 　　　　　　　　　　　　钱学森
> 　　　　　　　　　　　　1981.9.18

目 录

我的事业是"父亲" / 001

哈佛教授问我教子经 / 011

天下的父母，我想对您说 / 015

理念起点篇

养儿育女　特立独行

拒绝盲从，坚持自我 / 003

因材施教，特才特效 / 005

实施早教，巧抓关键 / 010

超前培养，长远谋划 / 014

能力开发篇

一砖一瓦　夯实基础

磨难经历，意外胎教 / 019

育儿方法，早恒结合 / 020

语言训练，少中求精 / 025

思维训练，数学为先 / 032

能力培养，自学为主 / 035

兴趣培养，注重规范 / 040

品格养成篇

塑造品格　培养气概

德才兼修，以德为本 / 045
因时因地，培养孝德 / 050
立志趁早，编织未来 / 053
故事熏陶，塑造灵魂 / 057
不断攀登，贵在坚持 / 059
自信乐观，不断进取 / 062
良好习惯，从小养成 / 066
培养自立，始于认路 / 067
注重素质，全面培养 / 069
初涉人世，亦忍亦让 / 071

情境经营篇

教育氛围　主动营造

好名相伴，好运相随 / 079
数次择校，能力为本 / 081
寻觅良师，终身受益 / 085
家校合作，教育互补 / 088
专业选择，实用为本 / 091
兄弟互助，相互砥砺 / 100
心里有结，及时化解 / 107
设计旅游，开拓胸襟 / 111

丰富爱好，领略乐趣 / 122

时间管理，只争朝夕 / 123

隔代教育，重在陶冶 / 126

得之宠爱，失之溺爱 / 130

筝线艺术，亲子共勉 / 134

抓住机遇，把握命运 / 155

不断攀登，永不满足 / 156

博士之家的光辉记录 / 157

心里话：愿天下的父母都好梦成真！ / 170

我的成功经验适用于每一个家庭吗？ / 175

蔡笑晚教育金句 / 181

大家眼中的《我的事业是父亲》/ 188

我的事业是"父亲"

在介绍我自己之前,我要先介绍我的六个子女,因为对于一个未能亲自成就一番大事业的人来说,"父亲"就是我的终身事业和人生理想,子女就是我的最大荣耀。

如果有一张名片,我一定会在正面印上:

背面印上:

长子蔡天文,1967年生,1995年获美国康奈尔大学博士学位,现为美国宾夕法尼亚大学沃顿商学院最年轻的终身教授之一;

次子蔡天武,1970年生,由中科大少年班公派就读美国罗切斯特大学李政道主办的CASPEA博士研究生,获激光物理学博士学位,现在美国高盛公司出任副总裁;

三子蔡天师,北京外国语学院毕业,曾被美国圣约翰大学录取,现在国内发展；

四子蔡天润，华西医科大学医学系毕业，曾被美国阿肯色州立大学录取为博士生，现正在哈佛大学做研究工作；

五子蔡天君，中国科技大学硕士，现在中国建设银行工作；

小女蔡天西，1977年生，14岁考入中科大少年班，18岁考取麻省理工学院的博士生，22岁获得哈佛大学生物统计学博士学位，现为哈佛大学最年轻的终身教授之一。

兄妹六人合影于飞云江大桥 （1989年春节）

"父亲",不得不做的事业

有人会奇怪,我的职业分明是医生,在瑞安当地也有些名气,为什么还强调自己的事业是"父亲"?个中缘由,说来话长。

没有起点也没有终点,1941年,我出生在一个殷实的知识分子家庭。1962年,父亲病逝,我从杭大物理系退学回家。那时,家中连一日三餐也成了问题。兄弟姐妹十人,留在家中的属我年龄最长,不能不分担家庭的重担。

那时我22岁,正是风华正茂、踌躇满志的年龄,但现实让我一次又一次陷入绝境。我一个人跑到父亲坟头,跪在父亲坟前暗暗发誓,身上要有一滴血冷下来,我就不是人!我一定要让自己振作起来,让整个家振作起来!

1967年,妻子小湘怀孕了。这是我生命中第一个孩子。从那时起,我决定把希望寄托在下一代身上。让一个二十六岁的热血男儿抛弃自己的人生理想,将希望寄托在还未出生的孩子身上,听上去多么荒唐可笑,但在当时,这却是我不得不做的选择。我深知自己必须韬光养晦,把自己的智慧、知识、追求延续到下一代身上,转化为下一代的发展优势。

于是,我改名为"蔡笑晚",不能在青春年少时开怀畅笑,就要让自己笑在最晚,笑得最好!

机遇青睐有准备的头脑

从1967年到1977年的十年时间里,我一共生了五儿一女。对我来说,生儿育女已经不是普通意义上的传宗接代,更不是养儿防老,而是另一种形式的对人生理想的追求,是我毕生为之奋斗的事业。

从杭大退学之后,有人建议我到生产队做会计,到车木厂当车木工,到二姐夫家里做篾工,到学校任代课老师,思前想后,我重拾了父亲的职业——不为良相则为良医。

对于从医我有自己的考虑。作为个体医生,我可以自由支配时间,可以时时刻刻关注孩子的成长变化,实施早教、早读、跳级的家庭教育方案。

对于早期教育的理念,不少人持反对态度。但是,我从第一个孩子开始就坚信并奉行这个理念。为了使农作物有好的收成,农民必须要抓住农时,该耕地播种的时候就耕地播种,该施肥除草的时候就施肥除草;教育孩子也是一样,抓住最佳教育时机至关重要。我早早就为孩子们的成长规划了一张清晰的蓝图。

刚行医那几年,我们一家人住在九里村一间租来的百年老屋里。十六平方米的两层楼,坐南朝北,夏热冬冷,楼下是店堂,楼上是一家八口的卧室兼书房。房间龟裂老化的木板壁上拉开一条两厘米宽的缝隙,完好的墙壁上贴着爱因斯坦、居里夫人、牛顿等科学家的画像。我只要有空,就辅导孩子们学习读书,晚上更是雷打不动的自习时间。我和小湘几乎牺牲了一切娱乐活动,连亲戚朋友的婚宴喜酒也很少参加。一到夜幕降临,全家人围坐在灯下,我看我的专业书,他们看他们的课本,有不懂的就向我提问,每天自习到深夜。

孟母三迁为择邻,而我们多次举家搬迁,从莘塍搬到南陈桥头,又搬到九里村,再搬到瑞安,为的是让孩子尽早入学、顺利跳级。孩子入学时年龄小,正规小学不让进,我就找简陋的农村小学,让儿女入了学再转学。

大儿子天文六岁进了瑞安莘塍当时最简陋、甚至连围墙也残缺不全的九里村小学,随后转入莘塍五七小学就读。天文成绩好,我打算不让他读"过渡班"就直接跳级上初中,但莘塍中学对年龄有限制,我只好先"曲线"将他转到另一所中学读初一，然后再转回莘塍中学继续学业。初三分快慢班时，成绩优异的天文被分到了慢班，我心生疑惑，分到慢班一定会影响孩子的学习情绪，于是我又一次为天文办了转学手续。

在老大的影响下，老二天武只有四岁就吵着要跟哥哥去上学，哥哥在教室里听课，他就站在教室窗外旁听，放学后跟哥哥一起回家。五岁我设法送他正式上学，十岁考入瑞安中学初中部。

对许多家长来说，让孩子上中科大少年班是他们想都不敢想的事，而我，从老大开始就为孩子设计好了这条求学路。老大没有如愿，等到老二念高一时，我自己就壮着胆子，写信与中科大少年班联系。7月7日考试，我们3月5日终于得到参加少年班考试的通知。在四个月零两天的时间内，我陪天武啃完了一年半的书，天武顺利考入中科大少年班。

两个哥哥给弟弟妹妹树立了榜样，我的孩子一个比一个入学早，到小女儿天西，十四岁进入中科大少年班，二十二岁拿到哈佛大学博士学位。

常有家长问我，你的孩子个个成才，有什么秘诀吗？我想，我们的不同之处在于，我们的准备更早更长远，机遇青睐有准备的头脑，的确如此。

做个成功的父亲，需要艺术

在我的抽屉里珍藏着小女儿天西的一封家书，信里抄录了一句诗词："不经一番寒彻骨，哪得梅花扑鼻香。"当时有人问女儿，从小这么高强度的读书学习，会不会累，会不会后悔？女儿用这句诗做了回答。女儿的回答令我感动，更令我骄傲。

现在的父母总抱怨孩子的逆反心理太强，不愿和父母沟通。在我看来，这是家长的教育方法存在问题。把自己的意志转化为子女的自觉行为，需要技巧和艺术。

天西在哈佛大学博士典礼现场 （2000年6月）

记得 20 世纪七八十年代那会儿，一天之中的清晨是我们家最热闹的时候。6 点钟光景，我开始在楼下拉二胡，二胡的声音悠悠扬扬地飘进孩子们的耳朵里。不用多久，楼上开始窸窸窣窣，孩子们陆陆续续地起床。那时候清晨广播里播放英语、日语节目，我把广播声音放大，孩子们每天听，渐渐对外语产生了兴趣。后来我就干脆每天用外语广播节目来叫孩子们起床。

我们家还有个传统，六个孩子每人都有一张我给他们制作的"存折"。这个"存折"存的不是钱，而是孩子们的学习成绩和一点一滴的进步。逢年过节，孩子们就把"存折"上的数字兑换成零花钱，高高兴兴地挑选自己喜爱的东西。

当然，在与子女的沟通上，我也不是没有遇到过困难。就像当时流行"超级女声"一样，20 世纪 80 年代初，《霍元甲》《少林寺》等武侠片风靡一时，李连杰成了老四天润崇拜的偶像，天天嚷嚷着要练功习武、除恶扬善，周围人怎么劝阻都无济于事。

1986 年 9 月的一个清晨，老四郑重其事地向我们道别，独自前往河南嵩山少林寺学习正宗武术。对于儿子的决定，我心中也是七上八下、提心吊胆，但我没有阻拦他，而是告诉他：做自己想做的，做有个性的你，但是要对自己的选择负责，要留心体察社会。个性倔强的老四当场写下保证书：今生绝不后悔。

老四走后，我们父子之间一直保持着通信，终于有一天，他在信中写道："习武虽有用，但是在未来社会，还是先掌握知识要紧。"离家一年以后，老四又回到了高三课堂，后来考上了重点大学。

出人才，不出书呆子

"三十三天天外天，白云里面有神仙。神仙本是凡人做，只怕凡人心不坚。"如今，我的孙子孙女常围在膝前用童稚的声音朗诵这首儿歌，这是我当年教儿女的第一首儿歌。

如今，六个孩子个个成才，成绩不俗，多少人投来艳羡的目光，多少人称我们的孩子为天才。但是，我心里很清楚，人的智力相差无几，真正决定成才的，是经常为人们所忽略的非智力，诸如意志、道德、健康、社会交往能力等素质。我的六个孩子，之所以个个成才，而不是成为书呆子，关键在此。

鼓励孩子们从小立志，是我教子的第一步。我的六个孩子个个都有小名，依次叫孟子、孙子、荀子、润子、曾子（后改为君子）、西子。有人说我给孩子取的名字狂妄，但是我就要用这些不平凡的名字来激励他们从小立大志。

年轻时，我最崇拜爱因斯坦，因为崇拜，我如饥似渴地研习他的相对论，还曾经把写成的厚厚一沓论文投寄给国内外知名的科学家，科学家钱学森就曾回信鼓励我。所以，孩子出生以后，我们家里到处贴有爱因斯坦、牛顿、居里夫人等科学家的头像，科学家的故事孩子们耳熟能详。小

我家墙壁上贴满了科学家们的画像

女儿天西五岁就口口声声对我说，要当"中国的居里夫人"。

要做"居里夫人"，没有健康的体魄不行。孩子刚出生那几年，"文革"还没结束，我每天战战兢兢偷看几个病号，挣得一点钱，买回满满一篮子既便宜又新鲜的海鲜，让孩子们吃个够。家里没有运动设施，我就自己动手做了一张多功能乒乓球桌，撑起来是球桌，放下来就是张床。放学回来，兄妹六人常常围着这张桌子鏖战一番。

一家三口外出旅行在当今司空见惯。但是，在1978年夏天，我和小湘就自己设计旅游路线，带着天文、天武、天师、天西四个孩子走遍了大连、沈阳、长春、哈尔滨，并渡过松花江登上太阳岛，接着又去了赤峰、锦州、北京、天津、秦皇岛、北戴河、青岛、上海。1985年的旅游更是与众不同，我们一家人带着干粮和饮用水，一路风餐露宿，浩浩荡荡向杭州进发，在岳王庙"尽忠报国"的题词前，一家人庄重地留影纪念。

像这样大规模的关内关外、大江南北的旅游，对孩子的成长意义重大。虽然在班级里，他们年纪偏小，但是在见识阅历上，他们并不稚嫩。相反地，他们兴趣广泛，视野开阔，显示出一般孩子所不具备的自强自立的能力。这种能力，使他们能够经受得起漫长岁月的各种考验。

总之，我们把教子成才当作自己的人生事业去追求，做了一些人们没有想到或者不敢想的事情，牺牲了一些人们不愿牺牲或者不敢牺牲的东西。有道是"世上无难事，只要肯登攀"。正所谓"世事如棋，一着争来千古业"。

原载《浙江日报》2005年9月24日

在岳王庙"尽忠报国"题词前庄重留影 （1985年8月）

哈佛教授问我教子经

2000年6月8日,我和妻子小湘应哈佛大学的邀请,去美国参加女儿蔡天西的博士典礼。

长子蔡天文在康奈尔大学的博士典礼、次子蔡天武在罗切斯特大学的博士典礼,因忙于红尘世事,我和妻子谢小湘都未能赴美参加,一直耿耿于怀。没有亲自体验自己为教子成才奋斗了那么多年的胜利场面,实在是人生的一大遗憾。所以,天西的博士典礼,我们必须要亲自去参加。天西也再三来电请求,哈佛大学也给我们发来了邀请函,邀请我们一定要亲自参加这个典礼,否则,庆典会变得没有意义。

典礼场面盛大、壮观,令我大开眼界。我从有关介绍资料中获悉,这座创立于公元1636年的世界名校,比美国的历史还长一百多年,先有哈佛,后有美利坚,一座哈佛大学的历史恰是美国历史的缩影。三百多年的岁月中,哈佛培养出无数世界级名人和大亨——美国历史上40多位总统,其中有7位是哈佛大学的毕业生;哈佛还出过38位诺贝尔奖得主;美国800家最大上市公司中,有83家公司的总裁是哈佛大学的毕业生;当今世界首富比尔·盖茨、美国前国务卿基辛格、美国前副总统戈尔、作家海伦·凯勒等都曾经就读于哈佛大学……

荣耀的历史使得哈佛人有一种非凡的自信和尊严,古典式的开幕仪式也许是哈佛人在颂扬自己值得骄傲的历史,而整个典礼的雄伟壮观似乎从一个侧面反映了哈佛人的自信和尊严。现场的氛围自始至终给人一种感觉,那就是哈佛的伟大。我从这伟大中引发出来的是对自己生不逢时的感叹。值得宽慰的是,有幸能亲眼看到自己的女儿在这个伟大的学府里荣登博士宝座,实在是我人生最大的快乐。

我们这些年来企盼、等待的不就是这一天吗?这种成功的喜悦乃是心灵的最高享受和满足。对于一个未能亲自创造丰功伟绩的人来说,眼前的场景就代表了我一生的辉煌。父亲的夙愿由女儿轰轰烈烈地实现了。

荣获哈佛大学博士学位的蔡天西 (2000年6月)

蔡笑晚与天西的博导 L. J. Wei 教授、原系主任 Marvin Zelen 教授在一起　（2000 年 6 月）

庆典期间，天西的博士生导师 L. J. Wei 教授和原系主任 Marvin Zelen 教授很热情地接待了我们。L. J. Wei 教授在哈佛大学已经有二十多年的教龄了，是哈佛大学生物统计专业的权威教授之一。他向我们详细介绍了天西的学业和其他各方面情况，夸赞天西是一位不可多得的优秀人才，发展前途无量。

当我们向他表示感谢时，他热情洋溢地说：

"作为老师，培养学生是我的事业，也是我的职责，所以无须感谢。倒是我要好好地感谢你们，因为你们为我输送了这么好的苗子，想得到一个真正优秀的学生是不容易的。"

那天晚上，我们商量好要请二位导师吃顿饭，表达一下我们的心意，这在中国算是"谢师"。但是，他们两位很客气，说我们是客人，应该主人请客才对，还说要为自己的得意门生天西送行。

在宴席上，两位教授诚恳地用英语问天文我是如何带领六个孩子走上成才之路的。在这些世界学术权威面前，我不好意思信口开河，只是很谦恭地说是孩子们有志气及老师教学有方。可是他们穷追不舍，说孩子们个个都成才，而且多为优秀的博士，光靠自己有志气是不够的，必定有一套科学的方法，非得要我说出来让他们借鉴。

天文告诉我，在这些人面前过分地谦虚会被看成是不礼貌。因此，我只得恭敬不如从命了。在天文的鼓励下，我做了较为宏观的介绍，提了五点切身体会：

一、把培养孩子成才看成是自己的人生事业，把它摆在日常事务中的第一位，必要时不惜牺牲其他一切。

二、用爱去营造良好的学习和成才氛围，用爱去培养和保护孩子的自尊和自信。

三、要孩子做到的事必须自己先做到。用斗志去激发斗志，用气概去培养气概，用道德去涵养道德，用对伟大的追求去引导孩子走向伟大。

四、用苦难去磨炼意志，用富有哲理的故事渗透到孩子幼小心灵的深处，培养其执著的追求精神。

五、用科学方法指导早学、巧学，争取时间；培养自学能力，进行超前学习；发展优势，培养兴趣；掌握整体，解决局部；抓住要点，放弃细节，保证百分之八十五。

他们听后竖起大拇指，连声称赞说：

"这是中华文化的伟大！为父母者能把自己的人生理想寄托在孩子身上，一个普通家庭凭着一份执著的追求精神和一份至高无上的爱，竟造就出这么多的优秀人才，真是不可思议！"

天下的父母，我想对您说

这些年来，经常有许多望子成龙、望女成凤的父母们来电或来人询问关于培养孩子成才的许多具体问题，而且无一例外地都问到教子成才最重要的秘诀是什么。

我再三向这些用心良苦的父母们讲明，教子成才是"一条苦不尽的河流，是耗费人的整个身心的巨大工程"。如果一定要问到"秘诀"两个字，我们可以提供给朋友们最重要的秘诀是：

一、当其他父母把三岁以内的幼儿期看成是无知的蒙昧阶段，让孩子最宝贵的智力开发期白白流逝过去时，我们却认为孺子可教，尽早地开始了早期教育。

二、当其他父母把五岁左右的孩子托付给不懂教育的人或者进入不正规的幼儿班而让孩子染上许多不良习惯时，我们在策划如何让孩子早读。昔日有孟母三迁，传为千古佳话。我们为了孩子读书也曾搬家多次，实现了孩子早读的愿望。

三、当其他父母发现孩子智力不俗，满足于各种比赛获得的优胜奖状时，我们却在策划如何利用优势，争取时间，让孩子进行跳级或读少年班。

四、当其他父母发现孩子很优秀，拼命地给孩子到处宣扬、预支鲜花，徒然增加孩子心理压力时，我们却尽量让孩子不露锋芒，保持平静，使他们在没有压力的环境中，轻松地按照自己的愿望去发展自己，而不必不断地向别人证实自己的优秀，这大大有利于他们的成长。

五、当其他父母把考上大学作为孩子的最后胜利而感到心满意足、松一口气时，我们正在鼓励孩子说考上大学是求学的真正开始，以前的阶段都只是打基础而已，因此他们早早地开始准备考研究生或出国留学。

总而言之，我们只是天下望子成龙、望女成凤的父母中的普通一员，培养孩子没有灵丹妙药。我们无非是做了一些人们没有想到或不敢想的事，牺牲了一些人们不愿意牺牲的东西。

如果你懂得牺牲意味着什么，就算是达到比较高的境界了。只有把教子成才当作一种人生事业去追求时，你才会发现艰苦所换来的是精神上的满足，而这种满足是人生的最大幸福。这些年来，正是由于这种精神上的充实，我们从来没有忌妒那些投机者的风光，更没有羡慕聚光灯下当代人物的短暂光彩，而是一步步艰难地走自己的路。从孩子出生开始，我们就把生命的意义和人生的信念逐步渗透到他们的灵魂之中，并且把自己的一切都奉献给了孩子，让孩子与自己一起去经历壮阔而坎坷的人生历程，去创造光辉的未来。

今天的孩子，生长在伟大的国度里，生长在千载难逢的太平盛世里，在他们面前有的是机遇，只要有志气，好好读书，成功之门就会处处为他们敞开。我真诚地奉告朋友们：要珍惜今天的大好时机，千万别让历史的机遇与你的孩子擦肩而过。如果说我们这一代人不能成才尚可埋怨生不逢时，孩子这一代人不成才，那可就是父母的事了，再也没有什么可埋怨了。

我们是多么感谢伟大的邓小平，是他为中国开启的难得的太平盛世，为孩子们成才创造了机遇，使得我们的家庭得以有今天。我们教导孩子，蔡家的千秋万代不能忘记这份恩情。我也再三叮嘱孩子们，目前虽在异国他乡，将来有机会一定要报效我们伟大的祖国，为中华民族的复兴贡献力量。我们相信，在尽忠报国思想熏陶下长大的孩子，决不会忘记自己的祖国，报国只是时间问题。

　　我们全家也非常感谢孩子们就读的学校的老师及领导，没有他们的大力栽培，孩子们是不可能如此顺利成才的，蔡家得以有今天，有他们的功劳。在此我重复一下天文出国留学告别晚会上我写的两句联语：

　　　启蒙之情天长地久
　　　栽培之恩永世不忘

天武留美前拜谢学校老师　（1987年8月）

这些年来，许多新闻媒体、有关单位领导和社会各界朋友们对我们家庭有诸多关心和爱护。这种真诚的关爱，使孩子从热情的鼓励中取得了进一步发展的动力，得以健康成长。我们的孩子成才确实是全社会共同关心和爱护的结果。对此，我们全家表示衷心的感谢和崇高的敬意。

发表在《温州时报》上的那篇文章中，我曾经说过："假如有来生，我愿再一次出生在家乡的土地上，做一名专门从事家庭教育的大师，带领那些天真烂漫的孩子走上成才之路，让他们一个个都成为博士，成为出类拔萃的优秀人才，让家乡的土地上到处是博士之家。"

这个许诺似乎太遥远了，显得有点虚无缥缈。曾有很多朋友和读者来电或出面请我为家乡的孩子成才尽一份力量。这种真诚的请求，确实是对我良知的呼唤。

虽然，由于经历太多的沧桑，功名利禄对我来说早已是身外之物了，但是为了感谢广大读者和朋友们的相知和信任，我决定把对来生的许诺提前到有生之年。在未来的岁月中，我将把自己的精力贡献给那些渴望成才的孩子们，特别是那些穷苦的孩子们。

在这些热心朋友们信任的前提上，这些年来我把自己的教子心得用文字记录了下来。我并不是在说教，只是向朋友们讲述我们的真实故事。如果故事中有值得读者借鉴的地方，那将是我所高兴看到的。在教育子女的一些具体问题上，如果您有什么想法欲与我交流，请发电子邮件到：wdsysfq@163.com。

理念起点篇

养儿育女 特立独行

孩子成为天才还是庸才，不是取决于天赋的多少，而是取决于从出生到五六岁这段时间的教育。诚然，孩子的天赋存在着差异，但这差异是有限的。所以，不用说生下来就具备很高天赋的孩子，就是那些天赋一般的孩子，只要给予合理的教育，也都能成为优秀的人。

——《卡尔·威特的教育》

卡尔·威特是早期教育的践行者，其将思想性和操作性完美地结合起来的早期教育理论与实践，深深地影响着无数父母亲和许多著名教育学家的赞誉和推崇。其写就的《卡尔·威特的教育》一书是世界上最早论述早期教育的文献，完整地记录了把一个低智儿培养成为闻名全德国的奇才的教育经历。

拒绝盲从，坚持自我

教子成才的道路上不存在"偏听则暗、兼听则明"的问题，而是"多听则乱、越听越糊涂"。一套大家都满意的家教方法，培养出来的必然是四平八稳的平凡孩子。

小时候，我的父亲讲过这样一则故事：

从前，爷爷带孙儿去市场，买到一头小毛驴。回家的时候，先是爷爷骑着毛驴，孙儿跟在后头走。走了一段路后，遇上一群妇女。妇女就指责爷爷，说他不关心小孩，大人骑驴让小孩走路，不像话。爷爷听了感觉有理，就立即下来，改让孙儿骑驴，自己跟在后头走。又走了一段路，遇上一群老年人。老人指着小孩骂，这小子真不孝，年纪轻轻的骑着驴，让老人走路。孙儿听了觉得有理，就叫爷爷上来一起骑。两人又走了一段路，遇上一群养驴人，养驴人指着祖孙二人说，这么小的毛驴，两个人骑着走，太狠心了，这驴儿肯定会累死的。祖孙二人听了想想也是，索性两人都下来牵着驴走。途中又遇上一群年轻小伙子，青年人指着两人风趣地说，你们两个傻瓜，有驴不骑，真是笑话。祖孙二人听了觉得也有道理。但是，他们的处境很困难，爷爷骑驴有人责备，孙儿骑驴有人指责，两人都骑有人非议，两个都不骑又有人取笑。所有的选择似乎都不妥当。剩下的唯一选择就是两个人抬着驴走。他们也这么做了。结果在经过一座独木桥时，两个人不小心把驴掉在溪沟里摔死了。

中国有五千年文明历史，人世间能够发生的稀奇古怪的事都发生过了，所有高明见解、金玉良言能说的都说了，可能入大雅之堂的都有经书史册可考，不能入大雅之堂的也有杂文野史在民间流传。现代的任何一种见解，不管有意无意，几乎都可以在漫长的五千年历史河流中找到源头。所以可以说，当今世界没有新东西，只有新组合。

家教理论方面也是如此，几乎所有现代家教理论都可以从古人那里追溯到源头。今人的各家理论只不过以不同方式重新组合了古人的信条。每个时代都有它自己的理论特色，去实现属于那个时代的理想和追求。

经过多年的研究，我奇怪地发现，现实世界的任何一种理论和经验都有一种与之相反的理论和经验存在。虽然两者之间似乎水火不能相容，但各自又有各自存在的理由，谁也无法否定谁。

比如：有人说要不失时机地早教早学，要及早开发儿童的智力，开发得越早大脑就发育得越好。因此，要争取时间早教早学，把教育时间提到学龄之前，提到三岁之内，甚至提前到出生之前。要及早发现儿童的智力情况，该早读的就早读，该跳级的就跳级。可是，也有理论说这是拔苗助长，教育必须符合儿童的自然发展情况，要循序渐进，否则欲速则不达，甚至认为孩子在十二岁之内绝不应该读书。

又比如：有人说要培养孩子的独立性，让他自己去探索、去发现。但也有人提出，如果什么事情都让孩子自己去慢慢摸索，那么人类肯定还处在茹毛饮血阶段。一旦错过了最佳学习期，有许多东西就永远掌握不了。因此，必须尽快教给孩子们，不能等待他自己独立探索，否则不仅浪费时间而且还会错过时机。

又有人说，要多听大家的意见。偏听则暗，兼听则明。这几乎是普遍公认的处世准则。但是也有人提出如果把每位科学家对世界的意见综合起来，那么世界根本就不复存在，不可构建。"祖孙买驴"的故事中，两位善良的祖孙，因为兼听了众人的意见，结果是抬着驴过独木桥，把驴摔死在溪间，遗恨终生。

要想培养出一个杰出的人物，必然需要一套特殊的手段。在育儿和家教领域里不存在"偏听则暗、兼听则明"的问题，而是"多听则乱、越听越糊涂"。在没有严格科学根据的情况下，无法判定究竟哪一套方法更高明。这并不表明人类在家教领域内束手无策。恰巧相反，这给创造性和想象力提供了巨大的空间。奇迹往往出现在人们没有想到或不敢想的地方。而一套大家都满意的方法，必然培养出一个四平八稳的平凡孩子。因为，尽善尽美就不可能是出类拔萃了。

因此，有人提倡"走自己的路，让别人说去吧"。我认为人生要想干成一番事业，也只能如此，没有别的两全之策。"祖孙买驴"的故事哲理提示我们，在教子成才的漫长道路上，必须排除干扰，坚定地按既定方向前进，走自己的路。如果前面没有路，也要勇敢地闯出一条来。

鉴于这一点，正是我要介绍的一些经验与理论。我相信真的"高山流水"必然会遇上知音。我写作此书的目的就是奉献给这些知音。"祖孙买驴"的故事哲理是我奉献给知音的第一个重要经验：教育孩子，自己要有主见。

因材施教，特才特效

如果因材施教以做大量的难、怪、偏的题目来提高能力，无非是浪费时间，不会有质的提高，也挫伤了锐气。因为这些较难的题目，进入高层次的年级再解答就会变得简单多了。

关于早期教育，我们实实在在地进行了一番认真设计和操作。看过一本书的人往往会把这本书奉为经典，一字一句地逐步推敲，似乎每一句话、每一个字都是必不可少的，都必须照办，否则会影响孩子的成长成才。看过很多书之后，才发现书中所写的只有参考价值，而且很多是根据作者的粗浅经验或想法信口开河。即使较为著名的家教书籍也大多偏于空洞理论，而没有提供切实可行的实际操作方法。另外，很多家教理论派别竟是相互矛盾的，如果把每位家教理论家的意见综合起来，家庭教育根本无法进行，无从入手。

我们坚定地相信，人类在教育方面的探索绝未到顶，以前一切设定的规则和方法只不过是人类现阶段认识水平和能力的表现，绝不是不可触犯的金科玉律。特别是早期教育方面，那些理论家和教师们并未亲自进行过大规模的系统研究，大部分是各自套用别人的说法或个案经验。因此在这方面，实际上是有待大力探索的科研领域。我们就是这样带着双重的任务，大胆地走进这个领域的：一个任务是把自己的孩子培养成出类拔萃的优秀人才，另一个任务是探索早教究竟是否有利于成才。

我们曾想到，智力的早期开发可能有三种后果——

第一种可能是：早期教育不仅使孩子的智力在时间上提早开发，而且有利于孩子智力的更好发展，也就是有利于大脑功能的更好的开发利用；

第二种可能是：早期教育仅仅是智力提早开发，对大脑功能发展利用并无实质好处，只是时间提早而已；

第三种可能是：早期教育虽然表面上提早了智力的开发，但是实质上是打乱了大脑的正常发育，因此实际上是拔苗助长的做法，得不偿失。

对于早教的三种可能结果，我们都认真地进行了分析。如果是第一种结果，那当然是求之不得的。我们不是大脑发育方面的专家，不可能获取有关这方面的数据，当时也找不到有关这方面的书籍，因此也并不指望这种最佳结果。至于第三种结果，我们认为良好的早期教育打乱大脑正常发育的可能性是很小的。诚然，无法完全排除第三种结果的出现。但是，我们深知任何一种伟大的追求，都不可能是毫无风险的，人类的每一条成功之路，都是由勇敢的失败者的尸骨铺成的。作为追求奇迹的人，我一生都在冒险，从来把风险置之度外。在看了大量的神童传说、名人自传等有关书籍之后，虽然一度陷入矛盾之中，但是作为一个曾经在这个世界上摸爬滚打的人，我在处事方面总是坚持"走自己的路"，在孩子出生之后，坚定地选择了早教。

我们当时认为第二种结果是可以指望的，也就是说，良好的早期教育至少可以提前孩子的智力发育时间，从而为孩子争取到宝贵的黄金岁月。这种结果非常符合我们当时"追赶时间"的心态，我们希望从孩子身上去追回自己因生不逢时而失去的年华。正是这种心态，促使我们坚定地选择了早教。值得庆幸的是，我们为了争取时间的早教想法，正好符合现代早教理论和有关大脑发育的最新科研成果。于是，我们的孩子不仅因为早教而争得了许多宝贵的时间，而且也因为早教使大脑功能获得了更好的开发，后者可能比前者更有价值。

所以，说句实话，我们早教原则的确立完全是出于我们自己争取时间的迫切要求，绝不是任何一本书的指导，也没有任何一个人来鼓舞我们去这样做。在那段生存问题大于发展问题的苦难岁月里，如果不是心灵深处的一种强烈欲望，是不可能仅在别人的说教下去策划几十年后才能见效的工作。

当时我们没有那份幸运，未能拜读日本著名教育家木村久一的大作《早期教育和天才》，也未能领略诸如井深大的《从0岁开始教育》之类的好书。有幸的是，中华五千年灿烂文明中早已蕴藏了辉煌的早期教育传统，并且哺育出无数的神童和超级天才。因此，无须任何外来经典说教，已足以使一个追赶时间的苦难心灵产生了一种早教成才的欲望。

李白五岁诵六甲，王勃六岁善辞章，李泌七岁能棋赋，祖莹八岁能咏诗成章，王维九岁知属辞，杨炯十一岁举神童，甘罗十三岁做丞相，白居易十六岁名扬天下……这些"国产"的神童，对于我们当时的处境来说，才确确实实是挡不住的诱惑。人家能我们为什么不能呢？

早期教育的不同会导致同龄儿童智力发育的不平衡，而智力发育的不平衡必然需要因材施教。古往今来的所有教育理论中，因材施教总是人们经常可以听到的响亮口号，因为它的词义是那么美好那么浅显，所以非常诱人而深入人心。

然而，如果没有早读和跳级作为优秀儿童的出路，那么因材施教只不过是一句空话，无非是为齐头教学加上冠冕堂皇的好名称而已。而且，早期教育也往往变成多此一举，因为反正最后总是被印在现行体制所规定好的模子里。只有跳级才能真正实现因材施教的优越性，使优秀儿童有了奋斗目标和动力。跳级和早读既能为优秀赢得宝贵的时间，又能增加学习的兴趣和积极性。

齐头教学最致命的缺点是忽略了儿童智力发育的不平衡性，刻板地用同一年龄限制并用同一速度去教育智力发育程度相当不同的孩子。不管是幼儿班阶段、小学阶段、初高中阶段，还是大学阶段所学的东西，对优秀孩子也许只要很短的时间就能学完，而且学得很好；而对于那些较差的孩子来说，可能在该阶段规定的全部时间内仍不能学得很好。如果硬是把他们限制在一个固定不变的班级里，苦苦消磨宝贵的时间，对于优秀孩子来说是极大的时间浪费，对较差的孩子而言也是痛苦不堪的事。

由于客观环境的不同和个体的差异，群体发展的不平衡是自然界的普遍现象。优秀个体从群体里分化出来，率先向高层次发展应该说是符合事物发展的普遍规律。特别优秀的学生跳级正如差生留级一样，是一种不值得大惊小怪的正常现象。

在成绩较好的学生的个性发展上，或许有人会说做大量难题、搞发明创造和素质训练可以培养优秀学生的能力，提高素质。当然，我们无意否认这个事实。然而，由于这些都是在低水平上进行的，无非是浪费时间，很少有质的提高，而且往往会挫伤孩子的锐气。因为有的东西在低水平基础上显得很繁复、很难解决，进入高层次之后就变得简单了，原先花大量精力和时间去做的东西就显得平淡无奇了。如果因材施教仅仅是用高难度的题目和所谓的发明创造、素质训练等来消磨优秀生的宝贵时间，而没有引导他们向较高层次发展，那么最后的结果是：优秀生的智力优势无形之间被浪费在不必要的东西上。本来这种智力优势可以为他们赢得宝贵的时间，而这宝贵时间的取得又能为他们今后在更高层次上的竞争中发挥优势。而这最后的优势才是真正的优势。

因此，在基础教育阶段，因材施教的真正含义应该是对不同的学生用不同的速度进行教学。而且，为了使因材施教成为有意义的教学措施，当学生的学业水平达到下个学年程度时，就应该按部就班地通过考试给予跳级，就像多门功课不及格的差生给予留级一样有规可循。

早读实际上是幼儿班阶段的跳级，这是所有跳级中最值得提倡的一种跳级。孩子出生后由于早期教育的差异，三岁甚至两岁之后就已经开始有明显的智力发育不平衡。对于那些已经受过良好早教的孩子来说，只要稍稍适应一下学校的集体生活，就能正常上小学读书。因此，对于优秀孩子来说，三年的幼儿班跳一两年是完全没有问题的，四五岁就可以直接读小学。

千万别小看这一两年，小时候的一年等于以后的十年。孩子在这时候接受正规教育的最大好处是还没有染上坏习惯，好习惯很容易教给他，这既有利于大脑的开发利用，又争取了时间，何乐而不为呢？

就我们自己的亲身经验来说，我们的四个孩子有过早读和跳级的经历，由于我们在孩子三岁之内的早期教育做得比较好，因此智力发育得比较早。孩子们都没有进过幼儿班，只有老六蔡天西进过一天学前班，因学校嫌她年龄小不同意收她而被迫退出。我们临时决定让她读小学，后来居然在小学里读得很好，还成了优秀生，九岁小学毕业时还得了瑞安市数学竞赛一等奖，小学毕业后又跳了一级，直接进城关三中读初二，初中阶段仍然是优秀生，读了两年之后考入了苏州中学中科大少年预备班。

跳级的具体操作取决于自学能力的培养，只有具备自学能力进行超前学习，才谈得上跳级。如果没有很强的自学能力，纯粹依靠老师的辅导进行跳级是不可取的。如果不是依靠自己的力量为主，就说明你还不具备跳级的条件。

实施早教，巧抓关键

每个人小时候都会经历一个记忆敏感阶段，这种记忆敏感期是从事学习的最好时机，一旦错过这个时机，无异于把孩子的智力进行了阉割。尽早地抓住记忆敏感，对人的一生有绝对重要的作用。几乎所有伟大的人物，都归功于记忆敏感的良好把握。

原则一旦确立之后，具体操作只是一些技术性细节。我们当时只知道早期训练婴儿对智力开发有好处，但是并没有一套现成的操作方案可供参考。所以实际操作方法都是根据我们自己的医学知识编制而成的。这就像武林中的派别一样，南拳、北腿、少林、武当，只要持之以恒，都能训练出高手，半途而废则一事无成。所以，我们当时一项最重要的决定是：按照孩子的实际情况，确定一套切实可行的方法进行早期训练。决不轻易听信别人的传言，朝三暮四地改变育儿方法。

最新的科学研究成果指出，人脑一旦发育成熟，那些没有来得及开发的神经元就很难充分利用，因此要想挖掘大脑的潜力，只有在出生后到大脑发育成熟前的发育旺盛期进行早期教育。

人的脑细胞越使用，大脑就越灵活。脑子开始积极工作的时间越早，延续使用的时间就越长，它的细胞就老化得越慢。因此，"天才命短，神童早夭"的说法纯属无稽之谈，没有任何科学根据。恰恰相反，早慧总是迟衰，天才都比较长寿。

大脑功能开发的典型表现，便是形成记忆敏感，年龄越小就越容易形成，越大就越困难。因为，这时大脑已被一些无用的东西挤占充满，即使是新鲜事物也被排斥在外。因此，儿时形成的良好优质的记忆敏感对人的一生有绝对的重要作用，只有深刻的优质记忆敏感才会有伟大的创造力，所有杰出人物都有这种良好的优质记忆敏感。当人的大脑里形成记忆敏感后，在潜意识里就会大量吸收这方面的信息，从而形成更为突出的直觉。几乎所有伟大的人物，他们的成功不仅来自刻苦的钻研，还来自他们对此项内容的极其良好的直觉。那些经过早期识字教育的人物，记忆力通常都比较好，这可能与他们在儿时形成的符号敏感有关。

人脑有一种与所有动物都不同的机能，那就是学习的机能——即智本能。智本能的发展只有一个短暂的过程。良好的早期教育使智本能达到较高的层次。智本能的发育也有敏感期，一旦错过了敏感期，也就无异于将其阉割。

因此，有人指出，我们人类到目前为止最大的浪费不是官僚主义，而是对儿童的智力阉割。由于错过了早期教育，使一个本来可以成为天才的儿童发展成一个庸人。大部分人都认为孩子还小，来日方长，浪费一段时间不要紧，只要以后好好教育同样会成才。因此无意间错过了孩子教育的黄金期，对孩子的智力造成了不同程度的阉割。许多人的前程就是在这种麻痹大意里被父母的双手葬送的。这绝对不是危言耸听，而是科学的结论，也是我们亲身实践的经验。

天才既不是遗传的，也不是单靠勤奋所致，而是早期良好教育的结果。早期教育让先天遗传基因更加充分地发掘出来，也使后天勤奋更加有效。人们错误地忽视了早期教育，大量的天才就在这种疏忽中荒芜凋零。现在很难找出一位大师级的人物来教孩子，孩子从小因不能接触到第一流的人物和思维方式，一切都从最末流的开始。

我们常常听到大款们为了让孩子进入好的高中或大学，慷慨地拿出几万甚至几十万让孩子进去混一张文凭。很少听说有人用重金去聘请一位优秀的保姆或高级教师为孩子进行早期教育，其实这是本末倒置。如果早期教育没有做好，孩子各方面素质很差，即使花大钱混到一张文凭，对孩子成才也是毫无益处，只是个冒牌货而已。反之，如果愿意在早期教育上用心思，那么孩子长大后用不着父母花大钱去"买"学校，也会自己争得一条好的成才之路，考上好的学校。

如果有适当的条件，绝大多数的儿童几乎都是可以挖掘出巨大潜力而成为"超常"儿童的，而这些适当条件就是早期教育。智力超常事实上都是早期良好教育的结果。根据中科大少年班的有关资料分析及我们自己的实践经验证明：所谓"超常儿童"与一般儿童之间并没有不可逾越的鸿沟，最主要的差别在于前者接受了良好的早期教育，而后者没有。

一般人都没有认识到早期教育对儿童成长的极端重要性，事实上早期教育比任何教育都更加重要，它是所有后期教育能否成功的基础。

一个兴盛的时代，毫无疑问是早期教育和家庭教育兴盛的时代。中国历史上最昌盛的唐代，由于早期教育的成功，造就了一大批神童，诸如王绩、王勃、徐齐朋、杨炯、骆宾王、王维、张九龄、李白、杜甫、白居易，等等。

从世界上看，良好的早期教育为文艺复兴时代造就了一大批大师级的人物，像但丁、薄伽丘、彼得拉克、契马布埃、乔托、多纳泰罗、拉斐尔……都是接受了早期教育而成长为大师级人物。这些大师为那个时代创造了光辉灿烂的文明。

另外，由于犹太家庭特别重视孩子的早期教育，几乎所有的犹太天才都是神童出身。

这些事实可以说明，天才从神童开始，神童由早期教育培养而成。因此，早期教育是一切教育中最重要的教育，是四两拨千斤，牵一发而动一生。

伟大的控制论创始人维纳是一位早期教育成就的大师级人物，他在自传《昔日神童》一书中，以亲身经历告诫人们："所有儿童的早期教育都将获得奇迹，即使愚笨的孩子也是一样。"这个告诫给人们的反思是：并不是早期教育创造了奇迹，而是人类本来就具有这种潜能，只不过大多数人不懂得及早去开发它，错过了这种潜能的发挥机会。而那些个别能够进行早期教育、及时开发潜能的人，相对来说就创造了奇迹。我们的幸运是：为了争取时间，在没有任何人或任何书籍的教导启发下，无意中自觉地遵守了大脑早期开发法则，于是创造了人们认为的"奇迹"。

对于一个孩子的大脑，可以拟出一个功能发育时间表，孩子身上有一个先天生物钟，它指示着教育机会上正在流逝不返的时间，而现在大部分父母都在看着这个时间白白地流逝过去，而没有抓住这一去不返的教育良机，然后去感叹别人的奇迹。

现代心理研究指出，儿童头三年的发展可以造就人的一生；在生命的头四年里会发展出 50% 的智力水平；在八岁之前又会发展出另外的 30%；最后在八到十七岁之间完成最后的 20%。

经济学家预测，早期教育是社会发展的推动力，一年的早期教育可使儿童的工资提高 2.53 倍，学前时期给儿童的投资可使社会得到翻四番的回报。因此可以看出，早期教育对于我们国家的四化建设何等重要。

现在人们最致命的问题是片面强调遗传基因的差异，而没有认识到早期发展，尤其是生命最初三年个体的分化实际上是由环境和早教质量所决定的。正是孩子和主要教养人之间构成的教育微环境左右着孩子智力发展的方向、水平和速度。

当今的有识之士已经意识到，在国际竞争日益强烈的21世纪，教育竞争的前沿领域不在大学，也不在中学，甚至也不在小学和幼儿园，而是在这三岁之内，在婴儿的摇篮中。也就是说，家庭的早期教育决定了一切。因此有人指出：推动世界的手是摇摇篮的手。

母误子半轮，便误了一生。一日之计在于晨，一年之计在于春，一生之计在于童。要想造就一代人才，只能从幼儿时期开始。所有创造丰功伟绩的伟大人物之所以出类拔萃，都可以追溯到儿时的特殊经历和启蒙，在儿时失去的机会很难在以后的岁月中得到补偿。

早期教育不仅是智力教育，而是智力、意志、品德和气概四者合一的教育，是保证人生幸福的教育。为了孩子成才，也为了孩子有幸福的人生，必须要尽一切的力量，不惜一切代价把孩子的早期教育抓好，千万不要错过孩子智力开发的黄金期。这是我们教子成才的最重要经验之一。

超前培养，长远谋划

孩子一出生，我们就计划好让他们读博士。像这样的超前培养是我们教子成才的关键所在。在我们实施超前计划的征途中，眼前的名次对未来的发展实在不重要。就像马拉松赛跑，选手前半程所处的位置并不重要，真正重要的是调节好气力，在最后冲刺中最先到达终点。

有些人认为，目前的处境决定了他们将来的命运。他们在恶劣的环境中丧失了斗志，向眼前的环境屈服了，觉得没有别的出路。可是，这一屈服，使他们把本该努力去做的事情没有坚持做好。等到以后机会来临的时候，由于没有事先进行好充分的准备，眼巴巴地看着机会溜走了，从而失去了未来岁月中腾飞发展的希望。所以，人生最重要的是能够把目前的努力与未来的希望正确地联系起来。这就需要有超前意识，也就是人们常说的远见。

超前意识是我教子成才走向成功的关键经验之一。在20世纪七十年代那个普遍流行"读书无用论"的时代，甚至出现"白卷英雄"，很多家长对读书失去了信心。当时，我们却凭着自己的远见，认为读书不可能无用，相信乌云不可能永远遮盖祖国的天空，华夏五千年灿烂文明不可能到此结束，暴风雨不管多么猛烈总有消退的时候，等到我们的子孙长大的时候，肯定是雨过天晴的好日子。正是凭着这一远见，我做出了把希望寄托在下一代身上的重大决策。虽然，一个二十六岁的热血男儿放弃了自己的人生理想而把希望寄托在还未出生的孩子身上，看起来似乎有点荒唐，但是后来的事实证明，这是我一生最重大也最具远见的选择。正是由于这一远见，使得我的人生理想在另一形式上——即通过父辈传承到子辈的方式——得到了实现。也正是由于这一远见，使我们在人们普遍不重视读书的时候做了全力以赴的教子成才工作，使得后来机会来到的时候，就被我们紧紧地抓住了。

我们的另一个远见是：超前的母亲意识。当今社会的有识之士倡导一种良好的母亲意识，认为无论从生物学角度、优生学角度，还是从人才学角度，女人的名字都叫母亲。因此，女人必须回到母亲的岗位上。这种良好的母亲意识，早在三十多年前就已经在我心中根深蒂固了。我和妻子小湘在教育孩子方面的观点是完全一致的，并认为孩子是人一生中的最大财富，教养好孩子是父母对社会的最大贡献，而绝不仅仅是私事。正是由于这种超前意识，小湘自从生了第一个孩子之后，就自觉地走上了母亲岗位，而且永远不再离开，我则长期担任兼职家庭教师，这样孩子就能够在最佳的家庭教育环境中获得德、智、体的全面早期培养，为他们以后的成才打好了坚实的基础。

　　我们的第三个重大远见是：在当年不提倡早期教育和限制早上学的情况下，我们却千方百计地让孩子们全面地实现了早期教育和早读。现代科学在脑研究方面的进展证实，早期教育不仅为孩子赢得了宝贵时间，而且还大大有利于大脑的开发和利用，对孩子以后的发展非常有利。正是由于这一远见，使我们的两个孩子有机会进入中国科技大学少年班，得到较好的培养。即使没有进少年班的孩子，也因为早教而获得年龄上的优势，使他们在高层次的竞争中处于有利的地位。

　　我们的第四个超前意识是：在孩子出生以后就计划好让他们读博士。在这一远见中，我们放弃了许多参加比赛和过量做练习的小选择。我们早在三十多年前就告诉孩子：对没有意义的课外作业可以不做，老师那边我们出面去解释。我们总是按照自己的远见来规划孩子的成才策略，没有跟在别人后面跑，也没有和别人去争眼前的名次。因为在我们的超前意识中，眼前的名次对以后的发展实在不重要，只是徒然增加压力而已，而那个宝贵时间才是真正重要的东西。我们经常告诉孩子，在马拉松赛跑中开头所处的位置是不重要的，真正重要的是调节好气力，争取在最后冲刺中最先到达终点。

能力开发篇

一砖一瓦 夯实基础

儿童的潜在能力是有着递减法则的，生来具备100度潜在能力的孩子，如果从一出生就对他进行教育，那么他就可以成为一个具备100度能力的成人；如果从五岁开始教育，即使教育得出色，也只能成为具备80度能力的成人；而如果从十岁开始教育的话，教育得再好，也只能达到具备60度能力的成人。教育开始得越晚，儿童能力的实现就越少。

——《早期教育与天才》

木村久一（1883—1977），一生致力于儿童早期教育与智力开发研究，日本著名的心理学家、教育学家，作为儿童早期教育的鼻祖，木村久一著作颇丰，其《早期教育与天才》一书更是被教育学界奉为家庭教育"圣经"。日本皇室在给他授勋时盛赞道："木村先生成功提升了一代日本国民的素质。"

磨难经历，意外胎教

一些权威的研究人员研究表明，孕妇适当的紧张可能还会对孩子有益。因为，母亲的紧张会使母体里的胎儿预先作好来到这个困难重重的世界的准备。实践也证明，我们苦难的胎教经历恰巧与这种研究成果完美契合。

圣贤们总结数千年的历史经验，得出结论说：到目前为止，人类能够给孩子提供的最好教育似乎仍然是苦难。我们当时所经历的超级苦难也许通过"心灵感应"传递给了娘胎里的孩子，使得孩子未出生就开始了苦难教育，获得了出奇的胎教效果。

在娘胎里经过苦难洗礼的孩子，终于在父母的双重寄托下于1967年3月21日来到了人世。所谓双重寄托的意思就是：生儿育女对于我们来说不仅是普通意义上的传宗接代，而且更重要的是在另一种形式下对人生理想的追求，是毕生为之奋斗的伟大事业。

上苍似乎为一切都进行了公平的安排，虽然小湘在怀胎期间经历了那么多的苦难，在出生之时倒是出奇的平和顺利。经过了不多时的阵痛之后，孩子就安然地降生了。几声响亮的啼哭，显示了他强大的生命力。

当小湘从助产士杨兰馨女士口中获知已平安产下一个幼婴时，立即表现出一种胜利的喜悦和初为人母的自豪。

初为人父，我心中有多高兴是无法用语言表达的。在那种令人窒息和绝望的环境里,孩子对于我们有多重要,更是可想而知的。孩子的到来不仅给我们苦难的心灵带来安慰,而且也为我们本已绝望的人生事业开创了一线生机。

后来,《纽约时报》上由 Laurie Tarkan 撰写的《孕妇紧张对孩子的影响》一文中提到:

"在某些时候,孕妇精神紧张可能对孩子有益。一些曾在怀孕期间精神紧张的孕妇,她们的孩子在两岁时的认知能力比一般的孩子强。研究人员认为,正是母亲的紧张使胎儿提前做好进入这个困难重重世界的准备,从某种意义上说,这是一个促成'进化'的因素。加利福尼亚大学的沃德华博士说:'很显然,孩子在出生后会遇到很多困难,因此,在他们出生前形成一套应对困难的系统,对他们来说是有益的!'"

看到这篇报道,我不由得惊喜于我们的实践与他们研究结果的契合。

育儿方法,早恒结合

早期的育儿方法应注重细节,特别训练孩子以下几个方面的能力:
一、"专注力"的训练
二、"胆略"的训练
三、不可忽视的"爬行"训练
……

在第一个孩子出生后的培育问题上,我们决不轻易听信别人的传言,朝三暮四地改变育儿方法。我们坚定地相信,在育儿领域里不存在兼听则明、偏听则暗的问题。恰恰相反,多听则乱,越听越糊涂。在没有严格科学根据的情况下,一套大家都满意的方法,必然培养出一个四平八稳的平凡的孩子，不可能培养出出类拔萃的优秀天才。

我母亲是一位正规助产士，毕生从事助产工作，具备很高的婴幼儿抚养知识，加上她本人亲自生养过十个孩子，因此在育儿经验方面也堪称无敌高手。我们就以母亲的育儿方法为根本，加上我们自己的医学知识，并在此基础上加入我们自己的"早"的原则和"恒"的方法，编制成了一套切实可行的方法进行早期训练。现在记忆比较深刻的有以下几种训练：

一、"专注力"的训练

天文出生不到一个月，就能注视我们，而且不久就能随着我们从摇篮左边转到右边，然后又从右边转到左边，眼睛总是盯着我们不放。后来，我们一直不断地用这种方法训练他。有时候，也用色彩比较鲜艳或带声音的玩具作为注视对象，这种"注视"训练可以培养婴儿的注意力。然后再逐步延长"注视"的时间，从一分钟到两分钟，再延长到五分钟，甚至更长时间。开始进行训练时，当出现一个较强的外界信号，如响亮的声音时，他就会停止"注视"。经过一段时间训练后，逐渐会养成专注的习惯，即使有外界信号刺激，也仍能保持高度专注。这种"专注"习惯的培养，对孩子的注意力集中可能有很大的好处。天文长大以后，读书学习和处事都有高度集中的注意力，即使在街头路边人声鼎沸的地方学习都能专心致志、从不分心。这与婴幼儿阶段的"注视"训练不无关系。

二、"胆略"的训练

天文满月之后，我们就经常用双手把他高举向上。每次举高的时候，他都有一种特殊的"惊恐"表情。后来慢慢习惯了，"惊恐"转变为"微笑"。再后来，每次高举他都发出快乐的笑声。等到他能表达意思时，总是要求我们把他举高，举了一次还要再来一次。这种高举训练一直坚持到他三周岁以后，这对培养他的胆略有很大的好处。

三、不可忽视的"爬行"训练

最有兴趣的训练当属爬行训练了。天文四个月大的时候，正好是夏天，我们让他睡在楼板上。有一次，天文俯卧睡觉，我们醒来的时候，发现他移动了很大一段距离，这才知道他会爬了。于是，开始对他进行爬行训练。在爬行训练的过程中，我们总结出的经验是：为了使他爬得有兴趣，要在他的面前放一个他最喜欢的玩具——小皮球。他看到小皮球就会迫不及待地爬过来。但是小皮球不能放得太远，要放在他的能力范围之内，等到他快要拿到的时候，再向前适当移动一段距离。这样经过几次，他都能坚持爬过来，很快就能从前门爬到后门。十二米的长度，一下子就能爬完。最后让他取到小皮球，他会因为胜利而高兴得笑起来。如果一开始就把小皮球放得太远，他就会不感兴趣，懒得去取。这说明，即使是几个月的孩子，也会估量自己的能力，很高兴地去完成自己能够完成的工作。面对过于困难的工作，他不感兴趣。这对我们很有启发：在家庭的早期教育中，必须设计一个适当的工作量，让孩子既不轻松也不太难，以能引起其兴趣为度，而且必须以能让孩子完成为止，这样才能得到最好的训练效果。

四、鼓励孩子"成功跨出人生第一步"

由于爬行训练得法，孩子的四肢可以得到强有力的锻炼，而且全身肌肉也会发育得较平衡。天文不到五个月就能独坐，八个月就能独自站立，并可牵手行走。从牵手行走到独立行走，需要一个特别的训练。我们先让他独自站立着，然后在他前方拍手，叫他过来。他先是害怕，不敢过来。这时，必须离他很近，大约一两步，再用他喜欢的玩具吸引他，他才会"扑"过来。我们就抱着他，他高兴得哭了。跨出这第一步很重要，几次训练下来，他胆子大了，脚步也比较稳了。我们就在三四步远的地方向他拍手，成功之后再在前方更远的地方拍手。每次成功之后都给他鼓励，把他向上高高地举起。我们无法忘记天文当年学步时的快乐情景，他跨出人生第一步时的欢声笑语至今记忆犹新。

尝到了胜利的欢乐之后，孩子的胆子就会越来越大。天文十个月大的时候，就会独立行走了。有一次，小湘在离家一百多米远的河塘边洗衣服，我在家看门诊，一不留意，天文竟一个人从家里走出来，一边走一边哭着喊妈妈，竟在河塘边找到了妈妈。小湘在惊恐之余立即抱起他，他非但不哭了，而且还大笑起来，似乎在庆祝自己的胜利。

五、洗澡和玩水的训练

我们的另一项重要训练是洗澡和玩水。不管事情多忙，坚持每天给孩子洗澡，并且让他玩水玩个够。天文出生三个多月后，天气就很热了。我们让他在室外洗澡，先是让他坐在一个脸盆里，两手握撑着脸盆的沿边，他居然坐得端端正正的。他一见水就高兴得不得了，虽然还不会说话，但是一坐进水里，就会发出一种特有的叫声，加上欢笑声，实在可爱极了！高兴的时候，他会用两手撑扶着脸盆，整个身体上下浮动。八个月大的时候，他就能坐在大浴盆里自己玩水了。我们用自来水龙头接上软管向他喷水，他就会发出尖叫，并且会用手向我们撩水。他每次洗澡之后，都是一次长时间的睡觉，而且睡得特别香。

后来，我们一直用洗澡玩水来训练孩子，春夏秋冬坚持不懈。这方法不仅培养了孩子的卫生习惯，而且对孩子的整个身心发育都有很大的好处。天文从小到大，没有生过病，更没有打过针，甚至连感冒也没有，冬天的衣服也穿得很少，这与他坚持洗澡玩水的习惯有关。

老二天武在婴儿阶段的早期训练，基本上是天文的翻版。天文以前做过的那些项目，诸如抓握训练、注视训练、高举训练、爬行训练、洗澡玩水等，我们全都用在天武身上。不过比以前更有经验些，并把这些项目在时间上定量化，随着孩子月数的增大而逐步增加。另外，在一天时间内，把这些项目适当穿插好，并确保他充足的睡眠时间。

我们新增加了一个项目是"逗他笑"，天武两个多月后我们就开始这方面的训练。只要他醒着，我们总是经常逗他笑。这逗笑训练效果很不错，两个月下来天武竟能哈哈大笑。由于这方面训练的关系，天武比天文成熟得早一点。他平时总是保持笑容，而且一见人就笑，让人感到特别可爱。天文也经常学着我们，用手指在弟弟的下巴或颈项上划几下，弟弟就笑了，他自己也哈哈大笑，两个人都笑得很开心。

天文四个月大的时候就能翻身并开始训练爬行了。但天武四个月大的时候只能勉强翻身，还无法进行爬行训练，因为他根本还没有进行爬行训练的力量，于是我们就赶紧开始进行四肢的力量训练，每天坚持多次给他的手臂和腿做操练。一个多月训练下来，有了明显的效果，五个月多一点才开始最初的爬行动作。

尽管我们在天武的体能训练方面做了较多的工作，但天武的体能发育仍然比天文较晚，全身肌肉发育也较慢，五个月以后才能独坐，九个月还不能独自站立。我们只得让他背靠墙壁练习站立，经过将近一个月的背靠墙壁站立训练之后，才能独立站立，我们家乡的方言叫作"亭亭"，当地俗语是"先学亭亭后学走"。又经过一个多月的"亭亭"训练之后，我们鼓励他走出了人生的第一步，然后再经常做牵手行走训练，到一周岁时才真正会走路了。

因为有了天文早教的经验和成果，在天武出生之前原打算对第二个孩子进行更好的早教和训练，以期达到更好的效果，创造更大的奇迹。但是，孩子各种能力的发育时间，特别是体能方面具有先天的特性，每个孩子的情况可能都不一样，针对不同的孩子，应采取较为个性化的育儿方法。

好的早期教育和训练可以使孩子的好素质得到充分的发挥。所以早期教育的作用是使先天遗传得到充分的表现。具体地讲，好的早期教育可以使遗传100分的人得到100分。

虽然早期教育并不能改变遗传的实质，但这丝毫不影响早期教育在孩子成长、成才过程中的重要性。如果没有好的早期教育，遗传100分的人就只能得50分或更低，而一个遗传60分的孩子如果得到了好的早期教育至少能得 60 分。这样，一个遗传上占有绝对优势的孩子反而比遗传劣势的孩子差。

语言训练，少中求精

婴幼儿期是学习语言的最佳时期，但并不是灌输给婴幼儿的语言信息越多越好，学习语言少而精才能入脑，实用性强才能根深蒂固。

在语言训练方面，我们开始得比较早。

老大天文不到一个月，我们就一边用手划他的下巴，一边喊他的名字，并对他说一些简单的逗笑的话。他虽然不懂，却也似有感觉。两个月以后，他对逗笑的话开始有反应，脸上露出微笑。喊他名字，他的头和眼睛就转向我们。这当然是对声音的反应。四个月大以后，我们开始给他念《三字经》、唱儿歌和催眠曲。他有时候听得入神，有时候一边听一边安然入睡。六个月大的时候，我们开始教他念"一、二、三、四、五……"八个多月的时候，他就能按顺序念出 1 至 5 的全部数字。十个月以后，他就能说一些简单的句子，能用"叔叔、阿姨"称呼大人，用"哥哥、姐姐"称呼小孩子。早晨醒来时，街路上有沿街叫卖豆腐和油条的，他就学着喊："卖豆腐、卖豆腐。"我们问他卖多少钱一斤，他说："豆腐卖一角，油条卖两角。"弄得我们都忍不住笑了。

天文一周岁以后，能与我们正式对话了，简单的语意也表达得很清楚了。于是我们开始对他进行比较正规的口语训练——教他学习常用句子，纠正他对话中错误的地方，并教他念一些古代诗歌和当地流行的民谣，训练他的口语能力，同时可以培养他的记忆力。我们从最简单的《三字经》

和《弟子规》开始，三个字一句，最容易念也最容易记。开始时教一句学一句，等到熟练之后，连续几句连在一起念，他也能跟着念。经过一段时间之后，他竟能长篇地背出来，中间有记不熟的地方，经我们稍一启发，就能连续背下来。

天文三岁左右，开始学四字一句的《百家姓》和《千字文》，再以后学《千家诗》《今日歌》《明日歌》《十二诗经》《朱子格言》和一些易念易背的民谣。特别是一些我自己小时候从外祖母那里学来的歌谣，全都教给了他，他都能记住背出。当时流行毛主席诗词，我们也教他学，不久他就能把一本小册子上的毛主席诗词全都背出来了。

这些诗词和歌谣的背诵，除了能对口语和记忆力进行训练，还给日后的气概培养、道德素质熏陶打下了良好的基础。《三字经》中的"幼不学，老何为。亲师友，习礼仪。香九龄，能温席"之类的句子，既容易领会，又能起到很好的教育作用。另外，诸如"三十三天天外天，白云里面有神仙。神仙本是凡人做，只怕凡人心不坚"这类简单生动的民谣，能让孩子从小就懂得"神仙本是凡人做，只怕凡人心不坚"的道理。这对培养孩子的气概确实有很大的好处。在孩子年幼的时候，这些诗文能在无意之间"飘"入到他的潜意识里，起着塑造灵魂的作用。

在给老二天武语言训练时，我们进行了小小的改进：在孩子两周岁之前主要让他学习常用口语，尽量丰富他的口语词汇，另外在念数字方面的训练仍放在头等重要的位置上。两周岁以后，开始教他念本地流行的民谣、民歌和《三字经》。改进的最重要一步是对教材进行了精简。天文以前学过的《百家姓》放弃不用，因为根据我们的经验，这些与日常生活无关又没有故事情节的句子，学了之后很快会忘掉，对以后的学习根本没有用处。学习语言少而精才能入脑，实用性强才能根深蒂固。

我们仅选用了《三字经》，而且对《三字经》的内容也进行了大篇幅的精简，删去了大约三分之二，仅留下三分之一劝学的部分，删除后留下的内容为：

人之初，性本善。性相近，习相远。
苟不教，性乃迁。教之道，贵以专。
昔孟母，择邻处。子不学，断机杼。
窦燕山，有义方。教五子，名俱扬。
养不教，父之过。教不严，师之惰。
子不学，非所宜。幼不学，老何为。
玉不琢，不成器。人不学，不知义。
为人子，方少时。亲师友，习礼仪。
香九龄，能温席。孝于亲，所当执。
融四岁，能让梨。悌于长，宜先知。
首孝悌，次见闻。知某数，识某文。
昔仲尼，师项橐。古圣贤，尚勤学。
赵中令，读鲁论。彼既仕，学且勤。
披蒲编，削竹简。彼无书，且知勉。
头悬梁，锥刺股。彼不教，自勤苦。
如囊萤，如映雪。家虽贫，学不辍。
如负薪，如挂角。身虽劳，犹苦卓。
苏老泉，二十七。始发愤，读书籍。
彼既老，犹悔迟。尔小生，宜早思。
若梁灏，八十二，对大庭，魁多士。
彼既成，众称异。尔小生，宜立志。
莹八岁，能咏诗。泌七岁，能赋棋。
彼颖悟，人称奇。尔幼学，当效之。

蔡文姬，能辨琴。谢道韫，能咏吟。
彼女子，且聪敏。尔男子，当自警。
唐刘晏，方七岁。举神童，作正字。
彼虽幼，身已仕。尔幼学，勉而致。
幼而学，壮而行。上致君，下泽民。
扬名声，显父母。光于前，裕于后。
勤有功，戏无益。戒之哉，宜勉力。

我们根据天文早教的经验，内容太多并无好处，每天学四句不如每天学两句。学完一遍之后，再重新来一次，复习巩固一下，这不仅有利于记忆，而且会增加孩子学习的兴趣。后来我又编了一个《家教三字经》，教给孩子背，效果很好。《家教三字经》的内容如下：

人之初，无善恶。性相近，习相远。
教以善，则成善。诱以恶，恶乃生。
养不教，母之过。教不严，父之惰。
少不勤，老徒悲。幼不学，老何为。
玉不琢，不成器。人不学，不成才。
教子道，贵在早。空白纸，画得好。
一岁养，快快长。二岁教，大必孝。
三至四，学前期。教算术，学识字。
五上学，不可迟。习教化，习礼仪。
六独立，学自理。三看大，七看老。
幼一年，值十年。勿延晚，宁超前。
一日计，在于晨。一年计，在于春。
一生计，在于童。误童年，误一生。

世间事，皆可待。儿教育，万勿等。
天才者，神童始。神童者，早教致。
早开发，早发现。早培养，要远见。
不逐波，不随流。向前走，莫回头。
天才路，难重复。望成龙，自己闯。
教之序，志为首。志未立，无舵舟。
立志圣，则为圣。立志贤，方为贤。
童年梦，志之先。儿尚幼，父母编。
顺自然，不可为。果实小，悔晚矣。
三更灯，五更鸡。好儿女，立志时。
平常心，慰平庸。儿少时，万勿提。
好素质，万万千。有四条，不可偏。
曰志气，曰道德。曰自信，曰毅力。
小德行，人各异。大道德，四准则。
爱祖国，孝父母。尊师长，利他人。
教道德，身作则。儿所忌，己莫为。
近朱赤，近墨黑。亲贤人，避小人。
我中华，多奇迹。长城长，黄山美。
游山河，览古迹。拓胸襟，增见识。
站得高，看得远。登泰山，小天下。
神仙者，凡人也。成神仙，靠心坚。
古有圣，今有贤。圣贤者，榜样也。
说历史，讲故事。促兴趣，塑灵魂。
儿女优，勿宣扬。露锋芒，增压力。
儿女错，勿严惩。更关爱，保自信。
上大学，求学始。前所学，奠基耳。

人生路，不轻松。幸福者，追求中。
凡教育，必艰辛。纠自然，改野性。
家教诀，造快乐。化压力，为动力。
要踏实，要超前。勿虚荣，求真才。
真公平，从来难。勿清高，要面对。
真教育，教于学。成大才，培自学。
先学优，后补劣。培兴趣，见效率。
多动手，做总结。助记忆，增理解。
拜导师，觅志气。激斗志，励心态。
活书橱，要不得。虽博学，限思维。
真名师，出高徒。读书呆，误弟子。
今日诗，明日歌。成大事，前车鉴。
要努力，今日始。待明日，事休矣。
重家教，好家风。益社会，利家庭。
遗钱财，富三代。留功德，万万年。
父作马，子成龙。父母心，古今同。
教子经，赠世人。高山水，送知音。

另外，把所学的内容与故事联系起来，《三字经》中有关劝学的典故，例如披蒲编、削竹简、悬梁、刺股、囊萤、映雪、负薪、挂角、孟母三迁等，我们后来都以故事形式一个一个讲给孩子听。孩子因为已经背熟了这些典故的句子，所以听起来也就特别感兴趣，对他们的学习也起着促进作用。

与口语教学相比起来，我们在识字教学方面进行得较晚，我们的早期识字教育是从数字开始，三岁之后才教一些常用的汉字。

据最近的研究资料表明，三至六岁是儿童识字的最佳年龄，我们的识字教学也算赶上了这个最佳年龄段，因此对孩子的智商培养起到了良好的作用。

日本东京幼儿识字教学研究机构从1967年开始的一项研究表明：五岁开始汉字教学的孩子智商可达95；四岁开始学汉字的可达120；而三岁开始学汉字的，智商可高达130。因此，对儿童识字的最佳年龄有了最新的说法，冲破了学龄前儿童不宜过早学习识字的传统观点。

在天西的语言训练方面，我们也用了较大的心思。三个月之内我们就经常对她说话，让她看着我们说话时的动作。从三个月大开始，我们教她说单音节或双音节重复的简单句子，但开始时根本没有反应，经过两个多月的无效试验之后，她才开始对我们的"教"起反应。八个月大的时候，她才开始接受我们的"教"。而一经接受之后，进步就比较快。九个月大就能说一些简单语言，十个月大以后语言能力明显提高，开始与我们对话，回答我们的一些提问。

有了对话能力之后，我们就开始训练她的口语，教她背一些简单民谣和《三字经》，她的口语训练几乎与识字训练同步。天西不满一周岁时，我们正好外出养蜂避风头，把天西带在身边，帐篷里活动余地不大，她和天师每天坐在我们的身旁，我每天给天师上课，另外专门给天西教口语，同时教她认字，口语和认字同时进行可能对孩子学习语言有好处。等到下半年养蜂结束回家时，天西已认识很多字，并且会背十几首诗歌和民谣。

与此同时，我们也教她念数字，从1到100，会念之后立刻教她认数字。我们把1

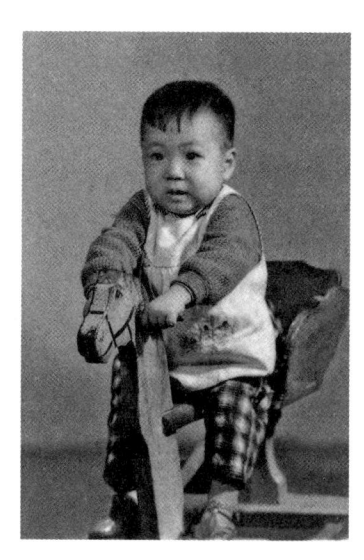

两岁的蔡天师　（1975年）

到100的阿拉伯数字全部写在纸上一个一个地教她认,她很快就都记住了,而且在三岁之前都能写出来。

由于语言训练和识字教育的成功,我们把天西的学前训练时间大大地向前推移,以致幼儿阶段和学前阶段混在一起了,分不清是什么时候正式开始学前教育。其实我们认为,所谓幼儿阶段和学前阶段的区分,纯粹是人为的划分,并不存在严格的生理学根据,起码对每个孩子来说是不同的。

我们为了得到《太公兵法》宁可早点去等待、去试验,而不愿因迟到激怒桥上老人。结果深得桥上老人赏识,把整部的《太公兵法》赐给了我们的天西,使她的早期家教取得了很大的成功。

思维训练,数学为先

培养孩子的数学能力是开启孩子智力最好的手段之一。幼年阶段的孩子接受数学训练和数学思维的培养,可以使他们的潜意识里埋藏强大的数学因子,会使他将来在事业上的发展获益匪浅。

与其说孩子的数学爱好和特长是通过父母的基因遗传给孩子的,还不如说是通过早期教育传给孩子的。据我们所知,历史上的神童早教成功大都得益于早期的识字教育,而我们的早教成绩主要由数学训练取得,早期的数学训练给我们的孩子带来了料想不到的效果。

在孩子的婴儿阶段最初输入语言信息时,我们就是从数字开始的。在孩子的下巴划一下时就让孩子念"一",划两下就念"二"……两三个月时,就在他手心上轻拍,边拍边念"一、二、三、四、五",然后在他手心上轻轻地撸几下,并念数字,他就会发笑。这样的动作每天重复多次,他就感兴趣了。

天文一岁多一点就能认识1至10的阿拉伯数字,然后是一至十的中文数字,再然后是壹至拾的大写数字。我们用硬纸板做成一块块的小四方块,每块上写着一个数字,背后画上对应的点数,一个一个教他认,念不出来的时候,让他看后面的点数。没过多久,他就能把这些数字全部认出来。

正当我们着手对孩子进行更多的数学训练时,偶然的机会遇到一位多年不见的在教育界工作的朋友。他大力反对我的数学训练方法,并向我们介绍了卢梭的自然教育理论。所谓自然教育理论,就是指遵循自然原则,对儿童进行分阶段教育,教育要与儿童各个阶段的身心发展相一致,不能超前,也不要错过最佳教育时间。这样美好的理论,乍听起来似乎是无懈可击。因为稍懂科学的人都知道人类的任何一种活动都不能违背大自然的法则,否则必将受到大自然的无情惩罚,这是不以人的意志为转移的自然界的铁法则。况且,卢梭作为欧洲文艺复兴时期的著名大师级人物,曾经是我青年学生时期热爱和尊敬的对象之一,我曾经拜读过他的《忏悔录》《社会契约论》《论人类不平等的起源和基础》《论科学与艺术》等著作。他的天赋人权理论和社会契约理论召唤了一个崭新世界的到来,他独特的思想和具有号召力的语言、文风曾使我为之倾倒。

因此,我没有理由不去考虑卢梭的自然教育理论,更没有理由拒绝好心朋友的善意忠告。但是,我仔细分析卢梭的理论之后,发现这里有一个关键的问题有待解决:对人类来说,究竟什么样的教育与儿童各个阶段的身心发展相一致,怎样的教育不至于称之为超前,又如何才不致错过最佳教育时间?

卢梭正是在这个关键问题上做出了错误的解答,他在没有关于大脑功能发育的科学数据的情况下,提出各个阶段相适应的教育方法,认为十二岁之前是孩子的"理性"睡眠时期,这一阶段只能以感觉经验来认识世界,让孩子去摸、去看、去听，用感觉器官去感觉世界，而不应该运用读书等理性手段来改变他身心的自然发展。认为早熟的果子虽然外表诱人，但并不甘美。因此提出十二岁之前绝不读书，不希望造就年纪轻轻的博士和老态龙钟的儿童。

我们无意判断卢梭的教育理论是否正确，但有一点我们是坚决持保留态度的，即他所说的十二岁之前是"理性"睡眠时期，十二岁之前绝不读书，在我们看来这是一种主观臆断，最多只能是他所观察到的一些个案经验，并非严格的科学结论。我们不能轻信，万一错了，岂不错过了孩子的最佳教育时间吗？而不要错过孩子的最佳教育时间，又正好是卢梭教育理论的精华。

因此，我们坚定地选择数学作为训练孩子思维能力的方法，坚持按既定的早教原则培养孩子。绝不因为轻信和误判而延误了孩子的最佳教育期，使得一个本来可以成才的孩子沦为平庸。

大约两岁半以后，我们就开始在认阿拉伯数字的基础上，对孩子进行最简单的加减运算训练。不久我们就发现，即使在幼儿阶段，孩子也具备进行"理性"思考的能力，而且教得越多就学得越快，根本不存在"理性"睡眠问题。

数学运算的训练，加上语言方面的培养，使得孩子很快就变得"聪明"起来。孩子智力的超前成熟，给人的感觉是天真可爱，并不是人们所担心的"老态龙钟"，只有那些被错过了最佳教育时间，智力发育滞后的愚钝孩子才会给人"老态龙钟"的感觉。

孩子三岁之前，我们就特别重视培养孩子对数字的根深蒂固的认识。当时我们家做饭常用的是煤球炉，每天上午都要生火，我们让孩子打扇，一边打扇，一边念数，很快就能念得很正确。两岁以后就能从1念到1000，然后倒数过来，从1000退到1。由于对大数字的熟悉，所以后来我们教多位数的加减非常轻松，孩子很快就能用竖式进行多位数的加减运算。

孩子三岁以后，我们开始在数学训练方面做了大量的工作。开头阶段让他用手指头做辅助进行运算，或者用豌豆和算盘做计数工具进行计算。稍后就进行比较规范的教育，让他背熟加法表，并教他排竖式。

在多个相同数字的加法基础上，引入了乘法概念，孩子也很快地接受了，四岁左右就能进行简单的乘除运算。

我们平时还经常用一些趣味数学题，以故事的方式讲给孩子听，然后让他来解答故事中的数学问题。这不仅培养了孩子的数学思维能力，而且也培养了他对数学的兴趣。诸如牛吃草问题、童子分桃问题、鸡兔同笼问题、等差级数求和问题等，都是数学训练的内容。

也许正是这些幼年阶段开始的数学训练和数学思维的培养，使他的潜意识里埋藏着强大的数学因子，为他后来在事业上的发展奠定了根本的基础。

能力培养，自学为主

自学能力的强与弱，是衡量一个人成就大小与否的重要标志之一。学校教育是有限的，个人自学的知识却是无限的。家长有意识地从小引导孩子独立地进行超前学习，就轻而易举地获得了这种神奇的能力。

教育是建立在学习之上的。学习的能力是人类的先天特性，但更需要后天培养。优秀的教育无非是使学生获得好的学习效果。因此从本质上讲，所有的教育都是在培养学生的学习能力。如果能够有意识地引导孩子独立地进行超前学习，往往会获得意想不到的效果。而自学能力是优秀人才最重要的基本功。

据我对中科大少年班和苏州中学中科大少年预备班的孩子的了解，他们最大的共同特点就是有很强的自学能力并都能进行超前学习。

我们的几个孩子也都有过自学的经历。天文为了报考中科大少年班，曾用半年时间学完高中全部课程。虽然因报名受阻未能实现进少年班的愿望，但那时候培养起来的自学能力对以后的学习，特别是高层次的竞争有极大的好处。天武为了报考中科大少年班，曾停课四个月在家学完高二下学期和高三全年共三个学期的全部课程，结果一举成功，考进了中科大少年班。天君和天西小学毕业后仅用了一个暑假的时间，自学完初中一年级的全部课程，跳级进入初二年级就读，而且成绩优秀。

自学能力的培养，不仅为孩子们跳级创造了条件、争得了许多宝贵的黄金岁月，而且更重要的是较强的自学能力会大大促进孩子的学习兴趣和学习能力的开发，为他们在以后的高层次竞争中赢得优势，这种优势越到高处就越明显地发挥出来。

我的一位德高望重的老师陈建功夫人曾语重心长地说过：教书无非是教人如何读书，给你们讲多少内容是无关紧要的。如果你懂得了如何读书，那么你就不在乎老师教多少。大学毕业也不过是学会读书的方法而已，真正的学问是靠你自己去学习的。

因为我有自己的自学经历做底子，所以在培养孩子们自学方面就比较胸有成竹，在具体操作上，有如下几点经验：

一、家长或老师必须有能力判断孩子是否具备超前学习的能力或潜力。判断的标准有三点：第一是以前的基础是否扎实，如果连以前的基础都不扎实，何来能力去自学后面的课程？第二是对新事物的兴趣，一般对新事物不感兴趣的孩子，不大可能自觉地进行超前学习，只有那些对新事物有强烈兴趣的人才具备强大的自学潜力。第三是对目标有强烈的追求欲望，这种孩子具备超前学习的强大精神动力，这种动力会转变为一种实际的物质力量，这是我亲身经历的切实体会。

二、自学能力必须从小开始培养，以循序渐进的方式进行。生活中让孩子自己独立解决各种问题，读书方面让孩子自己把以前不懂的地方弄懂，养成预习功课的习惯，这是培养孩子自学能力的三个关键。

三、发现孩子自学潜力不错的时候，要尽快地制定一个阶段性总体目标，让孩子有一个追求的方向，这会使孩子产生强烈的兴趣和动力。另外，要把总体目标分成一个个切实可行的小目标，制成详细时间表，让孩子一步步完成，让他在过程中尝到成功的喜悦，并从自己的胜利成果中取得进一步学习的动力。

四、首先选择自己认为最有优势的课程开始自学，因为有优势的课程学起来有兴趣，而兴趣又会使自学的劲头更大、效果更好。学好这一科之后，你就能以这一科的经验推广到其他的科目上，千万别在基础差的课程上开头。

不仅自学和超前学习如此，即使正常学习也是如此，这叫作"优势发挥法"。但现在的学生和家长都喜欢"劣势补救法"，总是想办法把最差的课程进行补救，专门请老师辅导，这样补来补去还是补不好。而且由于时间分配不当，把原来较好的课程也拖下去了，甚至把学习兴趣也消磨殆尽，弄得不可救药。永远不要忘记在教育和学习的领域里，人们对有兴趣的东西会学得更好、更快。

五、自学一门课程时，第一遍要尽量抓紧时间一口气从头至尾学完，这叫初读，不必多做习题，只做一些课后练习。初读的目的是获得该课程的整体形象。掌握整体形象之后，第二遍学时就能以整体来理解局部，并能分出重点和非重点，理解得也就会比较深透；第二遍读时要多做习题，以巩固所学的知识；第三遍读时再以局部回到整体，使知识系统化，有一个全面的认识。看任何书都要先认真地看目录、序言和内容介绍，使自己心中有数，并确定学习计划。

六、在自学过程中遇到什么重大的难关或比较枯燥的基础部分不要怕，能啃多少就啃多少，不能啃的就先搁置下来，把那些内容当成公理接受下来、背下来，大胆地向下冲刺，等学完了下面的东西之后再回头来解决它，可能就很容易了。华罗庚早就说过，数学上有些问题如果停留在原有基础上是很难弄清楚的，但是等学习了下一步之后，再解决前面的问题就很简单了。其实其他学科也未尝不是这样。重要的是不要被困难所吓倒，不要半途而废，不要碰到什么问题就问，要尽量自己钻研、自己解决。

七、在一个阶段性目标范围内，不必追求 100% 完全弄懂，能够真懂 85% 就很不错了。否则会大大地影响自学的速度，而且对总体来说也不会有好处。这里最重要的技巧是分清主次，把主要的彻底弄懂，把次要的暂时放开。要知道，懂 85% 和一知半解是绝对不同的两码事，学习上的大忌是一知半解。

八、就技巧而言，自学必须做笔记。先把书上的重要内容画上红线，然后把画好红线的部分记在笔记本上，因为光看书是很难记住的，动笔对加强记忆有很大的好处。另外，在做笔记的过程中，由于对所学的内容进行了整理，因此会加深理解。在复习的时候再把笔记本上的重要内容画上红线，把那些尚未熟练的内容精要记在小笔记本上。最后再把小笔记本上记不住的内容要点抄在小纸片上，把这张小纸片放在口袋里经常拿出来看看，这样很快就把所有的内容记住了。另外，把一些不懂的东西记在专门的本子上，等学习了这方面的内容后，随时翻开来，看看有哪些不懂的东西可以再次解决掉，并做上记号。

做笔记是读书绝对重要的技巧，很厚的一本书，做好笔记之后就一下子变成了一本薄薄的书，复习起来很方便，学习后面的课程时查阅起来也很方便，应付考试更方便。所以，读书有没有读好，就看你笔记有没有做好，家长监督起来也很方便。

九、自学过程中做习题不在于多，在于精。一个题目要彻底弄清楚，解题必须从一开始就学会规范化，一步一步要清清楚楚，切忌草草书写，认为已经懂了就可以了。另外，要尽量做一题多解，把所学的内容融会贯通。

自学在本质上是培养思考能力，开始时并不在乎很快地学很多知识，重要的是学会如何自学，等到自学能力提高之后，自学的速度自然会跟上来。

十、找一位气概恢宏的人为导师，导师的作用并不在于由他来给你上课，也不在于由他来指导你解难题，而是在于他指导你如何学习，帮助你区分什么是该深入钻研的、什么是可以暂时放过的，什么是重要的、什么是次要的。

之所以要找气概恢宏的人，是因为这样的人可以激发你的斗志，使孩子常保持良好的心态。只有这种人才懂得奇迹会在人们没有想到或不敢想的地方发生，而不会总是用常规来限制孩子思维的发展。所谓名师出高徒的道理就在这里。高徒从名师那里得到的其实不只是知识和学问，最重要的是出奇制胜的思维方式和所向无敌的气魄。千万不能请一个两脚书橱当导师，这种人虽然有很多知识和学问，却缺乏足够的气概胆略，经常会用常规思维方式来扼杀孩子的智慧火花，最终会影响孩子的上进。家长本人如果具备条件，自己亲自担任辅导是最理想的人选。

十一、最好有个伴，可以互相比较、相互促进。在比较中可以发现自己的成绩，产生更大的劲头。在比较中也可以发现自己的不足之处，可以及时纠正。但是，这个伴必须是认真学习而且是有志气的人。这样的两个人在一起可以产生叠加效应，激发出更大的积极性，对自学非常有利。

以上几点关于自学的经验，同样适用于一般的正常学习。有能力的家长应及早培养孩子的自学能力，使孩子在以后各种层次的竞争中立于不败之地。这是我教子成才的最重要的经验之一。

李政道主办的 CASPEA 留美博士研究生班在中国共招收了十届，天武在科大读了三年正好赶上最后一届考试，并一举成功。如果没有天武的自学以赢得时间作为基础，就会在这个关键的时刻错失了良机，就会给人生留下永恒的遗憾。当然，人生的道路有千万条，成功的方式也有无数种。一个自学能力强的优秀学生，不成功于此，便成功于彼。

兴趣培养，注重规范

早期的兴趣培养当然应广泛一些，但如果让孩子自由自在、随意地玩，玩习惯了之后，再去培养他认真学习的习惯，是很困难的事，至少是事倍功半的蠢行。我们在培养孩子的兴趣方面，是通过一些巧妙的设计与引导以达到目的的。

因为智力教育、道德教育、习惯教育都带有规范性，因此必然需要一定程度的强制性。事实上，教育和学习本质上都是对自然的纠正和对野性的改造，没有强制性也就谈不上教育。我们只给孩子定量的玩具，而且一定要玩得有名堂、有花样，按照一定的要求去玩。例如，积木和拼板，每天要求他摆新花样，而且要把每一块积木都用上，由此来培养他的创新精神和完成计划的习惯。

天文四岁左右，我们开始鼓励他收集香烟盒和火柴商标，以此来发展他的兴趣和爱好。他特别喜欢看连环画和收藏连环画，总共收藏了两百多本连环画，至今还保存着。我还教他如何编号和分类。藏书和编号分类的习惯养成后，对他今后的学习和处事都有很大的好处。

从五岁开始，我们就教他爱惜财物、懂得节俭，并培养他储蓄存钱的习惯，把每年过年时亲友给他的压岁钱和我们平时奖励给他的钱储蓄起来。这习惯不仅使他从小学会了理财的方法，而且培养了一种节约的德行。这德行对于人生来说，是超越金钱之上的无价之宝，由它可以发展出其他方面更多的崇高品格，而这些品格是取之不尽用之不竭的力量源泉。天文这习惯一直坚持到现在，出国留学时，他把他多年来的储蓄全部交给我们，竟有八千元之多。

有人说要让孩子自由自在地玩，我们的经验恰恰相反。如果自由自在地玩习惯了之后，再去培养他认真学习的习惯，是很困难的事，至少是事倍功半的蠢行。而一开始就去培养孩子认真学习的习惯，则是很轻松很自然的事。当今科学的发展，使人类全方位地去改造世界，从无机的自然界到生物界到人类，从分子原子到基本粒子，甚至连人类的基因都属于被改造之列。为什么唯独在决定人类智能发展的早期教育这一重大问题上，必须停留在无能为力的原始阶段，采取等待成熟的消极态度，而让孩子像野花一样自由自在地生长呢？为什么不能通过有效的"强制"手段使其朝有利的方向发展呢？

人类由动物进化而来。根据现代科学理论，人类自出生也具有动物的本性，而人类之所以成为万物之灵是因为其具有学习的本能。如果不从一开始就充分利用这一本能，让孩子的智能得以开发并学习规范的行为习惯，则其动物的本性便得到了充分的发展，等到以后开始正规教育时，必须用很大的力气才能把这些"本性"纠正过来。于是人们只得与孩子一起去经历"再教育"的艰难岁月，这对孩子来说不仅是时间上的浪费，而且也是一种精神负担，大脑皮层上动力定型的改变不是一件轻松的事。这就是善良的人们对儿童的真诚关切所带来的苦果。

作为父母，我们何尝不疼爱自己的孩子？但是为了培养孩子成才，为了实现自己的人生理想，我们总是咬咬牙关，在重大的原则问题上一丝不苟，总是做出一副很严肃的样子，俨然一副严师的外表，该强制的地方，我们从不放松。我始终牢记孟子的名言："天将降大任于斯人也，必先苦其心志，劳其筋骨……"

　　当然，我们平时总是以真诚的慈爱去关怀他们，哪怕是最细小的细节，我们都能关怀备至，在家庭中营造一个极其良好的氛围，使他幼小的心灵能够在我们爱的雨露中健康地成长。

品格养成篇

塑造品格 培养气概

凡人生所需要的重要习惯、倾向、态度，多半可以在六岁以前培养成功。换句话说，六岁以前是人格陶冶最重要的时期，这个时期培养得好，以后只需要顺势培养下去，自然成为社会优良分子；倘使培养不好，那么习惯养成不易改，倾向确定不易移，态度决定不易变。这些儿童升到学校里来，教师需要费九牛二虎之力去纠正他们已成的坏习惯、坏倾向、坏态度，真是事倍功半。

——《陶行知全集》

陶行知（1891—1946）是我国伟大的人民教育家，他提出了"生活即教育""社会即学校""教学做合一"三大主张。生活教育理论是陶行知教育思想体系的理论核心，陶行知的教育思想已成为建立教育科学理论体系的重要基础之一。

德才兼修，以德为本

道德习化服从自然界的普遍原则——最小阻力原则。因为好习惯是需要努力和自我克制的，而坏习惯则无须任何努力即可染上。所以，坏孩子的坏习惯会很容易传染给好孩子，好孩子的好习惯却很难传给坏孩子。

读书成才本身是一件很艰苦又很漫长的事情，有道是"学海无涯苦作舟"，没有一种高尚的道德情操和一种献身精神是不可能读好书的，更不可能成大器。因此，从小把孩子的道德情操培养好，是孩子成才的先决条件之一。严格地讲，道德素质的培养这一条应该放在第一位，因为道德低劣的孩子不可能成为优秀的人才。

道德决定了一个人"志"的方向。志高德高，则孩子成长为优秀的正面人物；志高德低，则其会蜕变为一个出名的反面人物，一个大坏蛋。

伟大的科学家爱因斯坦说："第一流人物对于时代和历史进程的意义，在其道德品质方面也许比单纯的才智成就方面还要大。即使是后者，他们取决于品格的程度也远远超过通常所认为的那样。"

中国自古以来就有"不恐智不达，唯恐德不修"的说法。因此，王东华先生大胆地提出：真正的天才都是圣徒。这个说法也不无道理。

我们经常可以从书上看到关于"世风日下"的说法，有人推敲，叹息道德下降的呼声起码已经重复了两千多年，而且如果不出意外的话，每隔一段时间就又会有一个权威的声音再来重复一次。从元代之后，整个人类由于缺乏家庭的早期教育，造成了文化和道德的全面衰落。

当今社会，人们总是把孩子道德教育的责任推给学校。我们经常可以听到家长们在议论某某学校的校风不好，似乎是因为学校的校风不好，才致使孩子道德滑坡。虽然这种说法也有合理的成分，因为确实有个别本来不错的孩子入学后变坏的情况。但是，把孩子道德滑坡的责任完全推给学校是不公正的。

道德滑坡的真正根源在家庭而非学校。那些校风好的学校无非是招收了大多数道德素质较好的学生，个别道德较差的学生非但无法兴风作浪，而且有可能慢慢地被感化为道德好的学生。当然，我们无意排除学校领导在教育和管理方面的作用。

反之，那些招收了大多数道德素质较差的学生的学校，个别道德素质较好的学生则很快被"同化"，所谓近墨者黑。"坏孩子"的坏习惯很快传给了好孩子，好孩子的好习惯根本就无法传给"坏孩子"。因为好习惯是需要努力和自我克制的，而坏习惯则无须任何努力即可染上。道德习化服从自然界的普遍原则——最小阻力原则。因此，生源很差的学校，纵然是学校领导和老师有天大本事，也是回天无力。于是乎校风不好的责任就不幸地落到了他们的头上。

道德习化根本就不是学校能够单独解决的问题，没有家庭的大力配合不可能有任何效果。我们两个最小的孩子蔡天君、蔡天西，都曾经就读于瑞安城关六小和三中。这两个学校当时的排名都不高，据说当时的校风也不好。但是这两所学校都有很好的老师和领导，我们的两个孩子都获得了很好的教育，蔡天君是中国科技大学硕士，蔡天西是哈佛大学博士。我们全家至今对这两所学校怀有深厚的感情，并且非常感激这两所学校的领导和老师，孩子们的成才有他们的功劳。

我们做家长的配合了学校的教育，而且学前的素质教育也做得比较好，因而取得了较好成果。当时这两所学校之所以被人认为校风不好，原因是生源素质较差，再加上很多家长只顾赚钱，没有大力配合学校对孩子进行素质教育，以致出现学生道德滑坡、校风败坏的现象。

早年看过印度电影《流浪者》，法官的养女丽达和强盗的儿子拉兹从小青梅竹马，感情深挚，但法官不愿意成全丽达和拉兹的婚姻。其理由是：法官的女儿长大后必定是法官，强盗的儿子长大后肯定是强盗。这种说法虽然有些武断，但从现在道德习化理论来看，也不无道理。道德优秀的父母能感化出道德优秀的孩子。

中国从古以来就有一种说法：善有善报，恶有恶报，不是不报，时间未到，时间一到，统统都报。这种善恶报应理论是中华文化的遗产之一。虽然带有某种迷信色彩，但就本质而言是劝人为善，因此具有积极的意义。如果撇开迷信的一面不谈，仅从道德感化论来看，善恶报应论具有很明显的正确性和科学性。这报应不在别的地方，就在你孩子身上。为善者能感化出道德优秀的孩子，这是上苍给你的最好奖赏；为恶者则习化出劣性的后代，这是上苍给你的最严厉的惩罚。这种惩罚实际上是比任何报应都可怕的报应，别的报应或许是一种物质上的损失，尚可补救，而恶劣的后代，对于人生来说则是万劫不复的精神上的灾难。因此，每个人都要对自己的心灵负责，让自己的行为检点。崇高的道德是送给孩子的最大财富，是比百万家财更有价值的无价之宝。

上面说到道德教育的责任必须由家庭来承担，但是这个担子并不轻松，而且有许多方法和技巧的问题，下面谈谈我们多年来的一些实践经验：

一、道德教育不是通过简单的说教就能培养好的，而必须由家长多年的言传身教感化出来。也就是说，必须用道德感化道德。要孩子诚实，自己必须不撒谎；要孩子不偷，自己必须不盗；要孩子不抽烟，自己必须不抽烟；要孩子不赌博，自己必须不赌博。总之一句话：要孩子做到的事，自己必须首先做到。

二、道德教育越早开始越好，孩子在入学前已开始形成道德雏形，因此在孩子出生之后到入学之前这段时间内必须重视道德和习惯的培养。否则，坏习惯一旦养成就很难纠正，会成为终生的恶习。

大多数家长往往是在孩子有了坏习惯之后再进行教育，而不是防患于未然，在孩子尚未染上恶习之前设法加以杜绝。这种再教育所需要的力度，往往比事先正确引导所需要的力度大上几倍甚至几十倍。比如，一个没有撒谎习惯的孩子，引导他诚实守信是很容易的事。但是，如果此时没有注意这方面的引导，等到他有了不诚实的习惯之后，再加以纠正就相当困难了。赌博、抽烟、偷窃的行为，更是如此。

三、所谓道德教育就是让孩子的言行适应社会约定俗成的规范和国家订立的法则。因为社会规范和法制条款总带有对个人言行的某些限制，所以道德教育必然带有某种强制性。为了使这种强制性能够为孩子所接受，首先必须让孩子懂得究竟有哪些行为规范和法制条款。所以在身教的同时必须及早开始说教，尽早以各种形式为孩子进行行为规范和法制常识教育，使他们从小逐步懂得在这个世界上生活的游戏规则。

古代的圣贤早已考虑到道德早期说教的重要性，因此编著出大量适合于早教的诗文，如《三字经》《弟子规》《增广贤文》《幼学琼林》《朱子家训》等，其中有很多关于道德行为规范教育的篇幅。我对孩子开始进行口语教育时就教他们背诵这些诗文，如《三字经》中：

> 为人子，方少时。
> 亲师友，习礼仪。
> 香九龄，能温席。
> 孝于亲，所当执。
> 融四岁，能让梨。
> 悌于长，宜先知。

这些简单的句子很容易被孩子接受,久而久之就自然成了行为的准则。

孩子稍大以后,我们开始向孩子讲述一些法制常识,并经常讲一些法制故事,逐步培养他们的法制观念。

四、道德教育以孝为先,我们很难想象一个不懂孝道的孩子将来会对国家、对社会做出大的贡献,更难相信一个连父母都不尊敬的人会有很高的道德素质。因此,我们在孩子的道德教育方面,把"孝"摆在首要的位置上。孩子是在父母和长辈的关爱中长大的,所以"孝"这个概念孩子很容易接受。在"孝"的基础上很容易进行其他道德教育。"孝"是对父母之爱的回报,其他一切道德情操是"孝"的衍生,光宗耀祖思想是"孝"的直接派生物,而其他一切伟大理想都是光宗耀祖思想的衍生。

五、亲贤人,避小人。孩子道德素质的培养除了家庭这个最重要的环节之外,与孩子接触的人对孩子道德的发展也有至关重要的影响。人们常说的"近墨者黑,近朱者赤"就是这个道理。孩子小的时候,可塑性很大,特别容易接受坏的影响。所以,在孩子成长过程中千万不能让他与道德素质很差的人为伍,否则很容易染上恶习,终生难改。

我们家乡有一句俗语:"跟狗就吃屎。"这句话听起来虽不文雅,但从道德教育角度来看,却是一句很有价值的至理名言。

我们经常教孩子背诵《圣经》中的一首小诗,以勉励他们亲贤人而避小人:

莫偕无道行,
耻与群小立。
避彼轻慢徒,
不屑与同席。

因时因地，培养孝德

孩子在幼小的时候充满着对成长、对未来的好奇心。作为家长，抓住这份好奇心积极耐心地给孩子提出的问题以正确的回答，这是指引他们对未来求知欲的原始动力。我们总是利用一切让他们好奇的场合，向他们灌输人生的大目标，培养他们的气概。

1970年的清明，我们第一次带天文到他爷爷的坟头扫墓拜祭。孩子第一次看到坟墓，感到很新鲜。

天文问我们："里面是什么？"

我们告诉他："爷爷躺在里面睡觉。"

他又问："爷爷还会出来吗？"

我说："等你读书读完博士之后，爷爷就会出来了。"

他又问："博士是什么东西？"

我说："博士是读书人的最高学位。"

他又问："最高学位是什么东西？"

我说："你长大之后自然会知道。"

我们总是利用一切可能的场合向他灌输人生的大目标，培养他的气概。

天文总是会问那么多的问题，而且问到最后，我们已无法用他能懂的话做出回答。在这种时候，我们总是用"你长大之后，懂了很多学问，自然会知道"来回答。这是我们经过精心思考之后，才这样说的。我们相信这样的回答对他的成长会有很大的好处，使他的幼小心灵充满着对成长、对未来的好奇心。这份好奇心、这个盼望长大的童年，正是引发他对未来充满求知欲的原始动力。如果我们总是用那些大人才能懂的语言向他进行勉勉强强的解释，他就会既感到枯燥乏味，又不可能真懂。老是在这样似懂非懂的情况下勉强接受，自然会伤害了他刚刚萌发的好奇心，这对他今后的学习极为不利。

我们在父亲坟头三拜九叩之后，让他模仿着向爷爷跪拜。他竟学得很像，弄得大家都高兴得笑了。在回家的路上天文还问我："爷爷是否读了博士？"我告诉他："爷爷读了中央法医研究所，而且名气很大，所有认识他的人都很尊重他。"我还向他讲述了爷爷的故事，他听得很认真。以后每逢大年初一或是寒食清明，我们都带他到爷爷坟头拜祭，他也很高兴去。拜坟不仅给了他孝道教育，而且也扩大了视野，丰富了知识。

虽然我们并不迷信神鬼，但是逢年过节的时候，我们总是在祖先的坟头焚香燃烛烧纸钱，然后三拜九叩。这种习惯是从我童年时代起就从父母那里传承过来的，从那时候开始我就懂得人世间有永远无法弥补的损失，有永远无法报答的恩情，扫墓祭祖无非是对祖先恩情的记忆而已，算不得什么报答。有人说在心里记着就好了，不必恪守这些陋习。我们却认为任何一种"心里"的东西都必须用一种具体形式表现出来，才能对下一代起到良好的教育作用，才能一代又一代传承下来。为人子孙者只有在某种具体形式的激励下，才会产生光宗耀祖的欲望。而光宗耀祖思想是中华文化的伟大精髓之一，是人类进步的动力。这种欲望无法由简单的说教产生，而只能通过具体入微的形式感化出来，通过岁月的力量慢慢深入到孩子心灵深处。

当今社会孝道的淡薄，或许与这些旧俗的破除不无关系。当然，我们无意倡导旧俗的复兴，只是说必须用一种具体形式让孩子得到有关孝道的教育，在没有更好的教育形式之前，质朴的旧俗也不失为一种简单而又可行的方法。

朱子治家格言中把"祖宗虽远祭祀不可不诚"与"子孙虽愚经书不

可不读"两句并列在一起,对治家教子而言是不无道理的。两者对孩子的成长有着同等重要的作用。我们很难设想一个不懂孝道的孩子将来会对国家、对社会做出大的贡献,更难相信一个连父母都不尊敬的人会有很高的道德素质。因此,我们始终认为道德教育应以"孝"为先。孩子是在家庭中长大的,对孩子来说,"孝"的概念是很直观也很实际的东西,孩子也很容易接受。在家庭的早期教育中必须将"孝"字刻印在孩子空白的心灵图纸上,使其根深蒂固。否则长大之后,其他一切的道德教育都将无从入手。"孝"是对父母之爱的回报,其他一切道德情操是"孝"的衍生。光宗耀祖思想是孝的直接派生物,而其他一切伟大理想都只是光宗耀祖思想的衍生。

就这样,我们对孩子的道德教育是从"孝"字入手的。除了给他们讲述诸如二十四孝之类的故事之外,为了便于孝道教育,我们还在家里立了一个小小的孝庭。当时住房条件很差,不可能有专门房间作为孝庭。孝庭就立在书架的最上层,中间挂着父亲的照片,两边是联语:

荒田先祖耕
福地后人种

在父亲照片的一侧写着最能反映父亲风格的一副对联:

欲除烦恼须无我
各有因缘莫羡人

平时我们用一幅布帘掩住,每逢过年过节或家有喜事时,我们就在孝庭上点上

两支蜡烛和三炷清香,默默地站立,与父亲共同分享节日和喜事的快乐。遇到困难的时候,我们也在孝庭前点香,告知我们的难处,让父亲给我们更多的智慧和力量。天文刚出生时,我们就在孝庭上焚香燃烛向父亲报喜。后来孩子长大,每逢开学离家远走,他们都会自觉地在孝庭上燃香拜别爷爷奶奶;每年从学校放假回家,第一件大事就是到孝庭前给爷爷奶奶请安、问好。

立志趁早,编织未来

从小立大志的孩子,不会满足于现状,有追求完美、追求更高境界的强烈欲望。取得成绩之后,还有更上一层楼的决心和气魄。这样的人不成功于此,必成功于彼,有着较大的成功规模。

我们培养孩子成才最重要的一个经验是培养孩子从小立志。以前很多人来采访时,我都强调这一点。

孩子在童年和少年阶段还没有明确的奋斗目标,也不可能有具体的人生理想。所谓"从小立志",实际上就是从小培养孩子的胸襟、气度和魄力。所谓"志"就是一个人胸襟、气度和魄力的总和,是度量一个人伟大或平庸的尺码,它是一个人综合素质最重要的一个方面。

中国自古以来就有很多关于"志"的句子,最著名的要数王阳明先生的《教条示龙场诸生》:

志不立,天下无可成之事,虽百工技艺,未有不本于志者。今学者旷废隳惰,玩岁愒时,而百无所成,皆由于志未立耳。故

> 立志而圣,则圣矣;立志而贤,则贤矣!志不立,如无舵之舟,无衔之马,漂荡奔逸,终亦何所底乎!

古人常拿"渴不饮盗泉之水,饥不吃嗟来之食"来比喻一个人有"志气"。

这些句子中"志"的含义虽各不相同,但大体上可以认为有"志向"和"志气"两方面的意思。"志向"即是人心中的向往和追求;"志气"即是人对自己行为准则的要求。

我们所谓的"从小立志"就是从小引导孩子对伟大和高尚的追求和向往,同时从小培养孩子严格要求自己,以历史上和现代的优秀人物为榜样编织自己童年的梦。

我一向认为,真正成功的家教并不仅仅是智力教育,应该同时把孩子的非智力素质如意志、感情以及道德素质培养好,而更重要的是把孩子的"志"立好。我早在十多年前就提出家庭教育不仅仅在于教孩子多识几个字、多做几道题,更重要的是在孩子的成长过程中,通过言传身教、潜移默化,逐步使孩子形成一个童真的"梦"。以后随着知识的增加、眼界的扩大,便慢慢地形成一个毕生为之奋斗的人生理想。在这理想之前的童真的梦,便是我所说的"志"。

童年、少年时期是"志"形成的阶段,这一阶段父母如果能抓好立"志"这一根本环节,就能使孩子有大的人生规模和高的品流归属。这个时期孩子虽然还没有具体的人生理想,但开始有了明确的品流归属。在心中编织起来的童年"梦"中,已开始将自己的未来定位在高档或是低档、伟大或是平庸。这可是根深蒂固的自我定位,以后基本没有什么力量可以更改它。

一个没有好好立志的人,不管他的智力、意志、品德有多好,都不可能形成大的人生规模,更不可能有大的事业成就,顶多是个二三流的。现实生活中经常可以看到很多才智不错的人物沦为平庸,做任何事情达到一定高度之后就容易满足，不再有进取之心，难以再上台阶。

而一个从小立大志的孩子，则对任何一件事都不会满足于现状，有追求完美、追求最高境界的欲望。取得一定成绩之后，总有更上一层楼的决心和气魄。这样的人不成功于此，必成功于彼，而且成功的规模也往往比较大。

因此，千万不能错过童年、少年阶段的立志。它比其他所有教育和培养都更重要，也更不可弥补。一个人错过了其他东西或许可以补救，一旦错过了立志的最佳时期，则永远无可救药。

但是，立志也不是说立就能立起来的，而必须从小由志高的人通过言传身教，潜移默化地逐步将其感化出来。因此，作为教育者或家长，本身首先必须是一个志高的人。所谓志高的人是指对伟大怀有向往和追求的人，并不是单单指成就伟大事业的人。如果父母缺乏对伟大的理解和追求，一般来讲不太可能培养出志高的后代，即使知识再多也不过是个两脚书橱而已。这时孩子如果没有得到一位强有力的教育者的启蒙，就不可能形成崇高的品流意识，将来发展的前途将是可悲的。

立志除了身教感化之外，不失时机地进行说教，诱发出一种崇高的意境，使它与此时此地的美好外景融合在一起，将有一种非常有效的感化效果，这是我多年教子的重要经验之一。

如在游览名胜古迹、观看动人的电视剧或拜访名人时，抓住关键时刻给予说教，诱发孩子心中的崇高意境，使它与眼前的真实事物融合在一起，孩子便会产生模仿和自比心理，这就是很好的感化。

除了上述的重要经验之外，我们总结出下列几点具体操作经验：

一、根据我们多年观察的事实表明，在一个充满自私、庸俗的家庭里不可能培养出一个志向远大、士气高昂的人。所以，作为教育者的家长必须首先教育好自己。

二、经常向孩子讲述一些伟大人物的传奇故事，经常教孩子背诵一些伟大的诗篇、伟人的格言和语录。记得我们经常教孩子们背诵一首古希腊《荷马史诗》中的一段：

> 莫辜负你一片聪明美质，
> 你须抖擞精神，
> 留个芳名在青史。

三、到了高中阶段，我们开始逐步看出孩子发展的大方向，在以前立志的基础上，让孩子树立一个远大的目标。由于现代科学具有高度精细分科的特点，只有到了最后阶段，才能选择自己的具体目标。所以，高中、大学阶段所谓的奋斗只能是一个大概的归类。就这时的目标而言，是争取考上理想的大学和研究生院。其实人生的大目标并不要求详细精确，但必须有，而且要高尚、伟大。

四、大目标确立以后，还不能影响一个人的具体行动，只有把大目标分解成一个个中短期的、现实可行的具体计划之后，才能成为行动的指南。所以，订好小计划是一项关系到能否实现大目标的重要事项，否则，大目标或人生理想都将是一句空话。

比如，高中阶段的中期目标有两个：其一是牢固掌握基础知识，全面发展身体等各种素质；其二是熟练掌握应试技巧，争取考上重点大学。

另外，把每个学期作为短期目标，计划在本学期中如何提高素质并取得优秀成绩。再细一点可以把每个星期怎样分配时间、怎样自学、怎样复习、怎样应付考试、怎样安排假期自学和活动等，都订一份详细的切实可行的具体计划表。

五、具体计划订立之后，最重要的是立即开始行动，绝不能制订空头计划，绝不能拖延行动，绝不能忽冷忽热，更不能一曝十寒。

时时想现在、想今天，千万不能老是等明天、等下星期、等以后，否则会永远不能实现计划。我们当年经常让孩子们背诵《昨日歌》《今日歌》和《明日歌》，而且还写成大字贴在墙上，以鼓励孩子们立即行动。

故事熏陶，塑造灵魂

我们喜欢精选好故事讲给孩子听，故事不在于多，关键是能够引起好的感觉和兴趣，并能深深地烙印在孩子的幼小心灵之中，成为构筑灵魂的材料。而且每次给孩子讲完故事后，都要求他们总结出一个主题，要求他们再把故事讲给我们听。

老大天文从三岁开始就喜欢听故事，我们每天只要有空就给他讲故事。开始正规训练之后，就我们每天安排一个时间段专门给他讲故事。由于他对听故事特别感兴趣，所以我们就以讲故事作为奖励，来鼓励他每天坚持按时学习。

我们先是讲一些简短的童话和寓言故事，稍后慢慢地给他讲长篇的故事，把故事分成一段一段的，就像现在的电视连续剧一样，这样对他的吸引力很大，更能激发他的兴趣，直到今天听了之后明天非听不可的地步。这种强烈的求知欲望形成习惯之后，对他今后的读书学习有很大的好处。

我一开始就把那些曾经塑造过我灵魂的美好故事讲给他听，最常讲的有《安徒生童话》《伊索寓言》《克雷洛夫寓言》《渔夫和金鱼的故事》，以及祖孙买驴的故事、塞翁失马的故事、韩信胯下受辱的故事、岳母刺字的故事、孟母三迁的故事、甘罗十二岁做上卿的故事、姜太公八十岁遇文王的故事，还有整部的《三国演义》《水浒传》《天方夜谭》等。

特别引起天文兴趣的是《天方夜谭》中的"王子取宝"的故事。"王子取宝"的故事说的是两个王子先后去取宝，由于没有听取智慧老人的忠告，在恶兽的恐吓和魔鬼的诱惑欺骗下回头了，结果非但没有取到宝物，而且自己也变成了石头，失去了胜利和胜利的报酬。最后，王子的妹妹下定决心，听取智慧老人的忠告，用泥沙塞住了自己的耳朵，不去理会任何恫吓的声音和甜言蜜语的欺骗，勇往直前、决不回头，最终登上了山顶，胜利地取到了三件宝物，并救出了两个哥哥。

天文当时年仅四岁半，但他能从故事里总结出一个道理：做事要勇往直前，决不回头，不要轻信传言。这个故事对他影响极深，使他养成了处事果断的习惯。重大的事情一经做出决定，任何外来的阻力都不能使他轻易改变主意。

特别值得一提的是，在给天文讲故事时，他只有五岁多，却曾向我提出许多尖锐的问题："既然世界万物都是上帝创造的，为什么在创造人类之前首先创造了魔鬼？""为什么让亚当和夏娃生长在长有禁果的伊甸园里？""上帝法力浩大无边，为什么不把魔鬼杀掉，反而将亚当和夏娃赶出了伊甸园？"当时我曾向他开玩笑地说了一段书上的话："胆敢提出这样高深问题的人，上帝为他们准备了地狱。"

我们每次给他讲故事之后，都要求他总结出一个主题，而且反过来要他把故事讲给我们听。这有很大的好处，不仅可以培养他的口语表达能力，而且还可加深记忆。我们始终认为好的故事不在于多，重要的是能够引起好的感觉和兴趣，并能深深地烙印在他幼小的心灵之中，成为构筑灵魂的材料。如果讲的故事多而烂，那么对孩子来说无非是消磨时间而已，没有任何教育意义。

曾有人说过"治国齐家数卷书""半部论语治天下"之类的豪言壮语，我不是政治家，不敢妄谈治国平天下的深奥道理，但是在人生的征途上，我知道真正有用的哲理并不复杂，几个简单的故事，曾激励过我们蔡家三代人。我们在故事里找到了做人的原则和应付困境的策略。虽然历尽坎坷，饱经沧桑，世间的一切都在瞬息万变，但这些原则和策略却是永恒不变的，而这些原则和策略是我们在幼小的时候由祖辈、父辈一代一代从简单的故事里传授过来的，然后再由我们发扬光大传授给后代。

早教的重要性似乎就在于此，在灵魂的塑造过程中迫不及待地需要材料，就看你这个时候提供了什么样的材料。一旦灵魂塑造完成之后，你再想把其中的坏材料调换出来几乎是不可能的事，至少是非常困难的。

不断攀登，贵在坚持

读书成才是一个漫长的过程，没有一点儿坚持精神是不可能取得成功的。目前社会上有"读书无用论"重新抬头的倾向，受此影响的家长和孩子如果在这个问题上仍然犹豫不决，等醒悟之时，难免已错过成才的最佳时机。

没有壮志豪情，世界上就不会有伟大的理想。但是，如果没有恒心和毅力，即使有伟大的理想，也不可能成就伟大的事业。

读书贵在坚持。半途而废，前功尽弃；坚持到底，就是胜利。这道理虽然很简单，几乎尽人皆知，但是真正能做到的人却不多。这些年来，我们遇到很多家长，他们开始时决心很大，行动也很积极，为了培养孩子成才，不惜一切代价，真的愿意用家财百万"买个太阳不落山"。可是，曾几何时，大部分人改变了主意。

因为，培养孩子成才毕竟不是一件简单的事，需要走一段很长的路。过去有十年寒窗苦读的说法，现在则更漫长，一个人从小学到博士要经历二十年的漫长岁月。这条坎坷不平的路走起来并不容易。前人曾讲过，科学上没有平坦大道可走，只有不畏劳苦沿着陡峭山路攀登的人，才有希望到达光辉的顶点。

轻轻松松成博士或者一路玩着成天才，那是自欺欺人的鬼话，世界上没有那么便宜的鲜花，即使有也只能是预支来的。但是，诚如王东华先生所说的，预支鲜花的下场是可怕的。在培养孩子成才的过程中，不仅孩子需要付出艰苦劳动，而且父母也要做出很大的牺牲。任何投机取巧、侥幸取胜的做法都没有立足之地。所以，如果没有强大的恒心和毅力，遇到困难和曲折时，就无法坚持下来，就会改变主意，像《天方夜谭》中取宝的王子一样，因经不住魔鬼的威胁和引诱而回头，结果变成了一块石头，失去了胜利和胜利的报酬。

另外，虽然千载难逢的太平盛世为当今的孩子成才提供了绝佳的好机会。但是，任何美好的事物都有它的负面效应。商品经济本身具有一种强大的诱惑力，这种诱惑力比《天方夜谭》中魔鬼的诱惑力具有更大的现实性，因而也具有更大的危险性。很多家长有向钱看的倾向，而且这种倾向在无意之间也会渗透到孩子的心灵之中。受影响的孩子会认为：反正读书也是为了赚钱，而读书也赚不了大钱，现在如果有其他赚钱的机会又何必去苦苦地读书呢？带有这样的情绪就会影响读书的兴趣，特别是遇到挫折的时候就会做出错误的选择。错过了成才的最佳时机，等到醒悟过来的时候，年华已逝，青春不再。

在培养孩子的恒心和毅力的具体操作方面，除了家长带头以身作则，还要特别注意以下几点：

一、从小培养孩子从头至尾完成一件事情的能力和习惯。学习或生活中的任何一件该做的事情，我们都严格要求孩子有始有终地按预定计划完成，绝不允许半途而废。这种能力必须从小培养，长大之后，拖延成了习惯，就难以更改了。

完成能力和习惯是一项很重要的品质。现实生活中有很多缺乏恒心和毅力的人，做事往往半途而废。因为从小没有严格要求，做任何事情一遇到困难就没有坚持下来的习惯，达到很小的高度就心满意足。这是读书成才的大忌，这种人永远达不到高的档次。

二、培养责任感。做什么事情都必须让孩子负责任。不用负责任的事情，不可能有恒心和毅力去完成它。因为反正没有责任，对他来说就不存在紧迫感。

现在很多家长都对孩子这么说："书读得好不好是你自己的事，与我们无关，读得不好你自己没前途，将来吃苦头。"其实这种说法很不好，是把孩子的心给推远了。我们必须让孩子明白，书读得好，不仅是对自己负责，也是对父母负责，更是对社会对国家负责。这是从小培养孩子做人的责任感。在责任感的驱使下，孩子才会有恒心和毅力去完成他的学业，才会在漫长的成才路上坚持到底。

三、有了伟大的目标，你就会把艰苦的劳动视若等闲。伟大而明确的目的性是产生恒心和毅力的基础。如果读书的目的性尚不明确，何来恒心和毅力去忍受二十多年的寒窗之苦？因此，必须把整个人生过程的影像放大放清楚，让孩子知道读书在其中处在怎样的位置上，使他懂得读书对人生是何等重要，特别是当今的高科技社会，如果没有把书读好，将来很难在社会上立足。

四、在引导孩子读书成才的过程中，千万不能让孩子有被迫的感觉，要处处培养孩子的主动性。任何被迫的感觉都会使孩子产生逆反心理，造成一种可怕的恶性循环。在逆反心理驱使下，非但没有恒心和毅力可言，就连眼前的积极性也会受到抑制。在商量任何事情时，特别是学习方面的事情，都要尽量引导孩子自己得出结论，然后让孩子自己主动去做。

五、欲获得强大的毅力，要多与有毅力的人接近。尽量避开那些意志消沉的人，遇事不要和态度消极的人商量，这些人总是提出许多负面的理由，促使你后退，甚至提出"高明"的见解来否定你的追求，使你变得动摇起来，最后化解了你的恒心和毅力。若遇到困难曲折，你就可能被拖下水。

六、让孩子长期坚持某项体育活动或洗冷水澡，最好自己带头，一年四季春夏秋冬从不间断，每天按时进行，不得以任何借口改变。这不仅可以锻炼身体，而且能够磨炼意志、培养毅力。

七、立志和自信是恒心和毅力的前提，胸无大志或缺乏自信的人不可能有强大的恒心和毅力。这些非智力素质是相互牵连、相辅相成的，必须同时予以关注。

美国《成功学》的创始人希尔·拿破仑说："自然经常是先给某些人重重的一击，让他们倒伏在地，看谁能爬起来再投入人生的战场，那些毅力强大的勇敢者，就被选择为命运的主人。"

从我父亲穿草鞋走出瑞安的农民家庭，到天西问鼎哈佛大学博士宝座，我们的家庭经历过多次倒伏在地的厄运。但是，我们每次总能爬起来，重新投入人生的战场，从而成了命运的主人。在孩子成才的路上，免不了有这种坎坷、那种曲折，但是在任何情况下，我们都没有忘记那句古老的名言：坚持到底，就是胜利。

最后，我们终于感动了上苍，我们真的胜利了。

自信乐观，不断进取

心理学大师弗洛伊德指出："受到母亲无限宠爱的人，一辈子都保持着征服者的感情，也就是保持着对成功的信心，在现实中也经常取得成功。"对孩子自信的培养只能从小由家庭潜移默化，用母爱诱发出来。一个人可以被别人歧视，但万万不能被自己的父母歧视。

在我孩提时代，外祖母就教给我一首民谣，叫作《凡人与神仙》：

三十三天天外天，
白云里面有神仙。
神仙本是凡人做，
只怕凡人心不坚。

这首小小的民谣伴随着我的一生，它曾激励我做过许多美好的梦。虽然因生不逢时，未能好梦成真。但是，"神仙本是凡人做"的思想却成了我教子成才的一项重要内容。

从孩子会说话开始，我就教他们背诵这首民谣，使得他们从小就懂得凡人也能做"神仙"。古往今来的伟大人物原本就是普通孩子成长起来的，天才和凡人之间并不存在不可逾越的鸿沟，就看你有没有这个自信。这不仅促使孩子们对"神仙"的向往，有利于孩子编织童年的梦，而且无意间也培养了孩子的自信。

别人能做到的，我们也能做到。别人不能做到的，我们也要去争取。永远不要消极地认为什么事情是不可能的。一个人相信自己能够做到，他就能够做到。自己不自信的事情，肯定不可能实现。

孩子们还没有上学，我们就对他们说，长大了做博士，使得他们的幼小心灵中对博士这"东西"很熟悉，而且认为是肯定可以得到的"东西"。也就是说，博士本是凡人做的思想，就在他们心目中根深蒂固了。因此，长大之后就会很自然地去努力争取。因为人们总是去争取自己认为可以得到的东西。反之，如果认为"神仙"不是凡人做，那么自然就不会有凡人去争取做"神仙"了。

有人说，人类最无可弥补的一种损失就是：不知道可以经由一种明确的方法使普通人发展出充分的自信来。学生在完成他的学业之前，竟然没有一位老师把发展自信的方法传授给他们，实在是人类文明的一大损失。因为，对自己缺乏自信的人，并不能算已经接受过正常的教育。自信作为人的一种非智力素质，正如"志"一样是孩子成才的一项重要素质，而且同样是不能通过简单的说教而发展起来的，而只能从小由家庭潜移默化，用爱诱发出来。

心理学大师弗洛伊德指出："受到母亲无限宠爱的人，一辈子都保持着征服者的感情，也就是保持着对成功的信心，在现实中也经常取得成功。"

培养孩子的自信得从母爱开始。自幼给予孩子最慈祥、最纯真的爱是培养孩子自信的最根本的环节。一个人可以被别人歧视，而且有可能由于这种歧视带来发愤图强的效应，但是，任何人都万万不能被自己的父母歧视。一个被父母歧视的人不可能有自信，没有自信的人根本就是一个病态之人，更谈不上成才了。

因此，要想家庭教育获得真正的成功，父母必须用爱的雨露去滋润孩子的心田。用脉脉温情去营造孩子成才的软环境，让孩子永远生活在和谐愉快、奋发向上的氛围中。当一切顺利的时候，需要这样做；在困难曲折的时候，更需要这样做。为人父母者千万不能因为孩子的一时失误或过错做出过激的反应或惩罚，这样会伤了他的自尊和自信。自尊和自信一旦失去，就永远无法挽回。在很多失败的家教中，可能都有过这样一段痛苦的经历，等到后悔时已经来不及了，以致一失足成千古恨。

我的一生经历过无数的困顿和曲折，就是凭借着一份由伟大的父母之爱孕育起来的坚强的自信，使我一次又一次走出了人生的低谷，摆脱了困境。我又将这份从父母那里承袭下来的爱，给了我的子女，培养了他们的自尊和自信，使他们能够在困难曲折中创造出辉煌。

在培养自信的具体操作方面，除了上面所说的那些最根本的环节外，我们还应注意以下几点：

一、尊重孩子。任何有关孩子的事，不管是生活方面还是学习方面，都要尽可能听从孩子自己的意见，即使我们认为是不正确的，也要尊重他的想法，给出诚恳的建议，从不粗暴地予以否定。

二、让孩子带路。每次出门，不管是拜访亲友还是外出旅游，总是让孩子走在前头，为我们带路。

三、除非对号入座，一律挑最前面的位置坐。不论是开会、听课、看演出，都坚持这样做。

四、经常有意识地与孩子争论问题。自己站在错误的立场上，让孩子在争论中取胜，然后及时予以表扬鼓励。千万不能老是让孩子输，更不能在日常生活的争论中以老压小，使孩子难堪。

五、练习当众发言，培养当众辩论的能力。

六、经常练习正视别人，用有力的目光注视对方，并且保持笑容。

七、保持良好的走路姿势，昂首挺胸，两眼看向远方。经常有意识地把走路速度加快。

八、经常用暗示的方法，使孩子相信自己是个特殊人物，将来必定有出息。这样能使孩子经常保持良好的自我感觉，而且对自己也会有较严格的要求，这对培养孩子的自信确实有很重要的作用。

九、即使遇到最大的失败，如高考落榜，也不能用严厉教训或惩罚的方式对待孩子。相反，应该加以特别的关怀和安慰，还要用暗示的方法使孩子相信天无绝人之路，并用塞翁失马的故事进行开导，使孩子相信有时坏事会变成好事。我们的孩子在成才的路上也曾经历过几次山重水复疑无路的时刻，我们就是用这种方法助他们渡过难关，赢来柳暗花明又一村的境界。

老五天君因为半分之差进不了上海交大少年班，但在我们的关爱下，他保住了自信，后来通过努力考上了中国科技大学的研究生。

十、尽量找出孩子的优点及时给予鼓励，这不仅对一般孩子有效果，即使是优秀的孩子也很需要鼓励，天才也需要从自己的成果中获取进一步发展的动力，如果自己的成果得不到及时的承认，天才也会因为缺乏动力而枯萎。对那些成绩较差的孩子来说，更需要用这种方法来培养他的自尊和自信。

以上写到的几点既是前人的经验，也是我们自己亲身经历的总结，确实有很好的效果。但是关键是持之以恒，不能半途而废，否则于事无补。

用爱去培养和保护孩子的自尊和自信，让孩子一辈子保持着征服者的感情，保持对成功的信心。这是我们二十多年家庭教育的最重要经验之一。

良好习惯，从小养成

17世纪，英国大哲学家洛克曾提出："教育的手段不是教训，而是从小培养孩子的良好习惯。"一个从小就有着良好习惯的人，长大后必定是一个受大家欢迎的人。

如果说早期的数学训练对孩子的智力开发起到了非常重要的作用，使他的潜意识里埋藏了强大的数学因子，为他后来在数学上的发展奠定了根本的基础，那么早期的习惯培养对他未来的成才则更起着决定性的作用。如果没有后者的配合，即使具有最聪明的头脑、最强大的数学根基，仍然无法登上数学知识的高峰，因为科学的道路上到处布满荆棘，一个没有良好习惯的人往往会经不住"魔鬼"的诱惑和"恶兽"的恐吓，结果半途而废，一事无成。相反，对于一个拥有良好习惯、具备非凡的非智力素质且气概恢宏的人来说，即使没有很好的数学根基，也仍能在别的领域里找到自己的成功之路，不成功于此，必成功于彼。

天文三岁以后，我们开始对他进行正规训练。17世纪英国大哲学家洛克曾提出：教育的手段不是教训，而是从小培养孩子的良好习惯。我们当时也正是以这个原则为指导，特别注意培养孩子的良好习惯。

天文没有进过幼儿班，学前阶段的教育全部是我们亲自做的。我们的目的就是使孩子能够在自己的亲自引领下接受全方位的早期教育，包括早期智力教育和行为习化，避免在不正规的幼儿班里染上一些不良的习惯。

我们给他专用的书包，里面放纸、笔、书、簿等学习用品，而且给他固定的学习座位，一切仿照学校的模式。在开始正式上课前，还特别在爷爷的孝庭上焚香燃烛，三拜九叩，告知爷爷，孙儿天文今天开始正式读书了，目的是让孩子有一个新起点的感觉。

以后，每天严格按规定时间上课、讲故事，然后在故事里提出数学题目给他去做，培养他的兴趣，让他一开始就养成遵守时间和正规学习的习惯。虽然每天安排的时间不多，只有一两个小时，但对他养成良好的习惯却很有作用。

遵守时间是人生最主要的良好习惯之一，也是人的一项重要品格，必须从小培养。世界上有太多不遵守时间的人，主要是从小没有培养好遵守时间的习惯。

培养自立，始于认路

对孩子辨别道路能力的培养，可以很好地提升孩子各方面的整体能力。同时，我们悟出一条真理：人生的路本来就是从不会中走出来的。

在天武的早教中，新增加的内容是让他辨别道路。

天武一岁半时，我们就经常带他外出散步，有时候还带他到我的诊所里，诊所离我家有点远，带了两次以后，我们就让他走在前头，给我们带路，培养他识别道路的能力。开始时每走到岔路口，他就会停下来，回头看看我们，想让我们给予指点；经过一两次指点之后，他很快就能记住，以后就不必指点了，而且自告奋勇走在前头，走得很快，离我们很远。走的时候头也不回，一直向前，总是走得很正确。

有一次在家里，老大天文去上学了，他妈妈哄老三睡着了。当时还不满两岁的天武本来也在睡觉，醒来之后，一个人感到无聊，他知道我在诊所里，竟一个人跑到我诊所里来了。当时我和我弟弟两个人在诊所，我们感到很奇怪，因为从家到诊所有一里多路，而且要经过一座用竹杆子搭成的很高很窄又很长的桥，大人过桥都有点害怕，这个不满两周岁的孩子竟独自走过来了。

另一次是天武四周岁的时候，我们全家到乡下姐姐家里做客。那时的交通工具是河轮，回家的时候码头上人很拥挤，轮船从温州方向开过来，停靠的时候我们因疏忽忘了抱他上船，等到我们发现的时候，轮船已离开码头。我们只得高声地叫他回到阿姨家里去，因为阿姨家就在轮船码头附近。他听到了，并答应我们回到阿姨家里去，所以我们也就放心了，没再当一回事。过了三个多小时，天快黑的时候，我们在吃晚饭，突然有人推门进来，一看竟是天武！我们大家都感到很惊奇，就问他是怎么走过来的，他说他没有回到阿姨家，看着轮船开走以后，就按着轮船去的方向一直沿河路走过来。途中经过岑其时，还走到对岸拿了一株甘蔗边走边吃。我们问他路上怕不怕，他说不怕。因为以前曾多次乘过轮船，凭着从小培养起来的辨别道路的能力，他能从方向上判断出该怎样走。

从圹下轮船码头到九里家中有十五里路,一个四岁的孩子竟能凭着方向上的记忆,独自一人大胆地走过来,确实是一件不简单的事。

从那次以后,我们总结出一个经验:任何一种能力都是训练出来的。同时也悟出一条真理:人生的路本来就是从不会中走出来的。

注重素质,全面培养

从小经过全面素质培养的孩子,长大后也往往较容易博取亲友和同学的好感,这不仅为他们自己建立了良好的人缘、人望,而且也为他赢得了许多机遇。

如果说素质教育是现在大力倡导的教育方针,那么我们在二十年前就已经是这一教育方针的忠实执行者。

天武从进入初中开始,我们就注意对他进行全方位的素质培养。在生活方面我们除了培养他朴素、整洁卫生、遵守时间的习惯之外,还特别注意培养他的独立自理能力。当时天武就读的瑞安中学没有初中住校生,我们本拟把他寄养在亲友家中,但为了培养他的自理能力,就借用了亲戚郑建华在瑞中校园内的空房子,让他一个人住在这个房间里。当时天文在瑞安中学读高中,经常抽空去看看他,指导他的生活和学习。我们也经常去看他,给他送菜、送水果,检查他的学习情况,给予必要的辅导。天武每个星期六下午回家,然后在星期天傍晚返校,在家里我们指导他进行课外学习,课内的学业全部由他自己安排。

经过一段时间适应之后,他居然生活得有条有理,每天按时去上课,按时到食堂去吃饭,放学之后就回到房间里做作业,晚上能按时睡觉。有空的时候也与同学一起到瑞安城里走走，或看一些课外书籍。这段时间独立生活能力的培养，为他以后读中科大少年班打好了坚实的基础。

作为素质培养的另一个重要内容是坚持不懈地进行身体锻炼，除了强调参加学校规定的一切体育活动之外，还应每天抽出一定时间跑步、举铁棒，坚持冷水洗面等。由于对体育锻炼的重视，天武的体质一直很好，从小到大从来没有进过医院，即使有点感冒之类的小毛病，也吃几片药就会痊愈，从来没有打过针，更没有住过院。从初中阶段培养起来的重视体育活动的习惯，一直坚持到他上大学、留学。到美国攻读博士时，他还特地买了一套多功能健身器，坚持锻炼身体。

在学习方面我们强调勤学巧学、博览群书、全面发展，并在此基础上培养兴趣和发展强项。我们历来注重真才实学，而不仅仅为了应付考试。我们从来不安排他做大量的课外习题，即使学校里布置的课外练习我也经常给予精简，重复的就不让他去做，宁可让他多看一些课外书籍提升思想境界，并允许他有自由活动的时间，这样使他精神上和身体上都没有压力，身心发育都比较平稳正常。很快，他就与那些比他大两岁以上的同学相处得很融洽，看不出有年龄上的隔阂。另外，由于强调全面发展，使得他能在各方面都有比较扎实的功底，对今后的竞争大大有利。

在中学阶段，关于道德素质方面的教育，我们以尊师、诚信为重点。因为小时候我们曾以孝为先对他进行过道德感化和教育，所以现在的尊师教育基本上没有任何困难，我们曾对他说过"一日为师，终身为父"的古训，尊师本质上是孝的派生，他记得很熟，并做得很好，所有教过他的老师都对他有很好的印象。

由于诚实、守信的培养，使他从小就得到所有亲友和同学的好感，这不仅为他自己建立了良好的人缘、人望，而且也为他赢得了许多机遇。考中科大少年班和考CASPEA班留美的成功，虽然取决于他在学业上的实力，但是如果没有良好的人缘，也无法获得发挥实力的机会。

初涉人世，亦忍亦让

刚走出校门的学生年纪轻轻、血气方刚，处事容易偏激，感情用事在所难免。但欲成大事业者必须宽容大度、刚柔并济、亦忍亦让、善进善退。只有这样方能建立人望、取得人心。并且，能忍耐者必能以柔克刚，取得最后的胜利。

天文从上海交大硕士研究生毕业以后，被分配到上海模具所工作。

模具所是一个很不错的单位，所址就在上海交大校内。模具所所长阮雪瑜先生是上海交大教授、博士生导师，并兼任南方CAD中心主任，已入选《1989年世界名人录》。1988年的最后一天，阮雪瑜把天文引见给日本Unic软件公司总裁川岛先生。那年夏天模具所将与日本Unic软件公司合作创办一家公司，从事高新技术软件开发。

这次阮雪瑜教授让天文与川岛先生见面，虽说是引见，实际上是面试，天文凭着深厚的专业功底、英语和日语的水平及应变能力，顺利地通过了这一关。最后川岛先生提出，如果在模具所工作，需要改变一下专业方向，学一些计算机方面的知识，以便今后转到Unic软件公司工作。5天以后，阮教授告诉天文说川岛先生已看中了他，现在先在模具所上班，半年后转到Unic公司任职。天文很高兴，总算圆满解决了毕业分配问题，同学们得知消息后也都很羡慕。

1989年2月14日，天文给我们写了一封信，谈了自己寒假后回到上海对上班的想法，他在信中写道：

自从上大学以来，这已是第十四次离家出门了。每次离家心中都有留恋、惆怅的感觉，可是这次更增加了点茫然和忧虑，对前途、对未来……毕竟工作与读书不同，不能像以前那样无忧无虑、充满各种美好的幻想了。

　　读书时只要自己努力，把握住自己即可，不必过多理会他人的看法和意见。现在则不同了，除了自己努力工作以求心安理得外，还需更多地考虑到自己在他人眼中的形象，有时还要曲意奉承以博取他人好感，特别是上司的青睐，失去了往日的自由和个性。想到这些就感觉没劲了，真不想去上班……

我们接到他的信之后，很理解他的心情，因为我们深知他的心中还有梦，他是想继续做他的学术论文和攻读博士。找一个工作单位混饭吃，即使条件再好也不是他所追求的目标。但是，我们考虑到，这个令人羡慕的工作位置是十几年寒窗苦读、苦苦追求而不能得到的，真是来之不易。况且，周超俊、阮雪瑜两位教授的帮助和赏识之恩也难以回报。因此，我们就写信安慰他：

　　自从爷爷穿草鞋走出瑞安的世代农民家门之后，经过四代人的努力奋斗，终于获得了第一个硕士学位。你以自己的顽强拼搏精神，不仅为自己创造了锦绣前程，也为整个家庭的奋发向上做了开路先锋，立下了汗马功劳，而且为弟妹们树立了优秀的榜样。我们相信，通过你坚持不懈的努力，必能在新的环境中取得更大的胜利，赢得更大的荣誉。

　　我们知道你目前的心理状态不太好，刚从学校来到社会，从学生到工作人员，这当然要有一个适应过程。至于失去了往日的自由和个性，那是不可避免的。因为社会本身就是以契约的形式制约它的成员，任何自由都是有限度的。而个性则是奋斗的产物，你奋斗得越成功，就越能发挥你的个性。一个失败者，一个懦夫，则无个性可言。

因此，对我们来说，最重要的是在任何时候都不要失去我们的理想、不要中断对理想的追求。只有这样，我们才会有永恒的欢乐和傲慢，我们才会有别于那些只会阿谀奉承的小人，我们才会真正有自己的个性。

最艰难的岁月已经由你的祖辈、父辈们熬过来了，蔡家腾飞的日子已经到来，曙光就在前头，一切的犹豫和忧虑都是不必要的，振作起来，坚持奋斗吧……

1989年3月11日，天文又给我们写了一封信，更明确地表达了自己的想法和打算，希望得到我们的理解和支持，他在信中写道：

踌躇再三，还是提笔向你们写了这封信。我想告诉你们：我实在不想去上班了。

从小至今十几年，无论春夏秋冬、严寒酷暑，每年都静心钻研、苦苦求学，因为心中有一种希望和追求，同时也出自个人的爱好和兴趣，可以说为了读书舍弃了其他的一切。而今毕业工作了，当年的希望和追求也被无情的现实所代替。自从上班以来，心情就一直很压抑，每天早上8点上班，下午5点下班，除一日三餐之外就是睡觉，既没有时间看书、研究，也没有做任何有意义的工作，只是坐班消磨时间而已。尤其难以忍受的是上班时那种令人窒息的气氛与各种不合理的规定，我想这肯定不是我十几年寒窗苦苦追求的目的地。

我希望能自由地支配自己，而不是整天观人脸色，仰人鼻息。理想的生活至少包括个性的自由，失去了这种自由，其他一切也就黯然无光了。

十几年的寒窗再苦也能忍受，因为那是出于内心的渴望和追求。而现在则不然，一切都难以忍受——枯燥死板的工作（规章制度），单调乏味、极其简陋的生活（真有点痛苦），诚惶诚恐地看着领导的脸色，仿佛低人一等……难道这一切就是十几年苦苦读书所追求的吗？

也许说要等待，以后一切都会好的，可这仅仅是聊以自慰而已。人因为无奈才会等待，生活就是因为等待而失去光彩的，等待会消磨人的意志和锐气，因此等待绝非解决问题的办法。

我希望你们能同情我的想法……

我们看了他的信后，心里也确实很同情。不要说天文十几年寒窗苦苦追求的不是到某个工作单位混口饭吃，就我们自己来说，十几年的期待也绝不是让他随便混个工作单位，我们希望的是能够发挥他的才华，做出他的成果，创出他的事业。尽管天文的工作单位令很多同学羡慕，但对我们来说，确确实实不是理想的归宿，因为这不是我们当初追求的目标。

因此，我们考虑再三后给他写了回信，这次我们不再劝他安心忍耐，而是鼓励了他的想法。我们在回信中写道：

你的上班问题，确实是一个很烦恼的事，为两百元钱的工资出卖了自己的自由确实不值得。你反正还要读博士，这段时间的上班对你也是无所谓的。干脆请假不上班，专心搞专业研究做论文并准备考托福，这样就可以自由自在地生活，精神上就没有枷锁了。

这样的安排如果可行的话，你就能充分发挥你的才华和兴趣，就能进行创造性的学习和研究，因而也就能更多地出成果。对于从事数学研究的人来说，你现在这个年龄是最佳的创造年龄，很容易出成果，并能为自己的毕生事业打好基础。决不能让自己的黄金岁月在无聊的坐班中消磨掉。

不过具体操作要考虑得周全一点儿，因为毕竟是经过十几年的寒窗之苦才得到今日这么一个好位置，不能轻易失掉，要经过慎重的考虑和仔细的策划，要做到两全其美。只有在万不得已的时候，才能舍鱼而取熊掌也……

天文办理了停职，在上海租了一个住处，复习英语，准备报考托福，并继续钻研他的事业、写论文。

天文对这个安排很满意，因为这重新点燃了他心中的理想火花，重新有了追求的动力，恢复了自由和个性，而且能帮着照看一下家里设在上海的生意。当时商场生意很好，赢利不错，我们又有点担心商业上的赢利会使天文受到诱惑，因此特意给他写了一封信，提醒他保持清醒头脑，不要在商业赢利面前迷失方向，另外教导他初涉社会必须注意的事情。我们在信中写道：

尽管经济上有赢利，但我们心里总感到不踏实，似乎有一种失落感。曾有人告诫：由于不能抗拒外界的诱惑，许多人一变换工作就变换了既定的目标，并最终迷失了自己。也曾有人提醒人们注意：过于追求财富虽然使人得到了用金钱买得到的东西，但常常使人失去了用金钱买不到的东西。这失去的东西似乎更宝贵，更合乎理性的需要。

因此，我总是在想，我们整个家庭长期以来所追求的那个既定目标是不能变更的。这个目标一旦变更，我们多年的心血将付之东流，这将是我们无法忍受的损失。另外，我们仔细观察了"生意人"，并进行反复思考之后，认为商人习气是要不得的，我们家庭的成员决不能染上这种商人习气。否则，我们的基础信仰将被动摇，我们的人生观将出现危机，价值观念将会改变，人生的意义将会淡化……

人生在世并无所谓"标准的"幸福和痛苦、成功和失败，关键是对人生价值的理解。由于价值观的不同，造成了各种模式的人生。一个人只要在自己的理想模式中度过一生，他就是幸福的、成功的，否则，就是痛苦的、失败的。要时刻注意自己引导自己，不要被环境潜移默化。一个时常改变自己以求适应潮流的人，最终会变得一无所有。

根据上述的想法，提供给我们的具体启示只能是：保持清醒的头脑，在五花八门、千变万化的现代生活浪潮中不要迷失方向，要始终目标明确、勇往直前，不能彷徨、不能犹豫，更不能回头……

你刚出校门，初涉社会，不谙世故，况且年纪轻轻，血气方刚，处事容易偏激，感情用事在所难免。但需知世界上能成大事业者所必须具备的重要素质是：宽容大度、刚柔并济、亦忍亦让、善进善退。只有这样方能建立人望、取得人心。并且，能忍耐者必能以柔克刚，取得最后的胜利，切记！切记！

你作为一个硕士研究生，属高级知识分子之列，在为人处世、待人接物方面都必须处处检点，要有高风格，要有自己的特色和特长，切勿忘记自己的身份，不论到什么地方，都要以自己的品格感人，以自己的宽容大度获取众望。来日方长，一切都得从现在做起……

情境经营篇

教育氛围 主动营造

对婴儿来说，比什么都重要的是父母自身所营造的良好环境，这是孩子的第一印象。任何一个孩子的成长都不能脱离父母而单独进行，因而家庭教育是对一个孩子的全部教育中最为核心的组成部分。

——《早期教育与能力培养》

铃木镇一（1898—1998）毕生致力于学龄前儿童的教育。他的音乐才能教育法提升了日本数以万计学龄儿童的智力与才华，影响着一代又一代的母亲，并使无数家庭从中获益。许多欧美有识之士对他取得的伟大的教育成果都深感震惊，并将之命名为"莫扎特教育风暴"。

好名相伴，好运相随

名字长伴人的一生，不可能不对人发生作用。好的名字可以为孩子烘衬出良好的成长外围环境，会使人产生自比、自居和自勉效应，对孩子一生的事业肯定有好的促进作用。

据说，响亮的名字会给人的一生带来好运。

我们虽然不信神佛，也不迷信命运，但是我们深信好的名字对孩子的一生会有好的作用，因为名字将长伴人的一生，既然是长伴人的一生，就不可能不对人发生作用。好的名字往往会使人产生自比、自居和自勉效应，对孩子一生的事业肯定会有好的促进作用。

在孩子出生之前，我们就考虑如何给孩子取名。我自己在兄弟中排行第二，常以孔老二自比。当我把希望寄托在下一代身上之后，就打算生一批孩子当作自己的门生，所以第一个孩子就取名孟子。小时候听母亲讲孟母三迁的故事，是取名孟子的另一个原因。在杭州读大学的时候，父亲来信中又写道："孟子曰：'天将降大任于斯人也，必先苦其心志，劳其筋骨，饿其体肤，空乏其身，行拂乱其所为……'"因此，对"孟子"这个名字比较入脑。在孩子出生之前，小湘多次做梦，梦到了孩子读书、四处搬家，应了孟母三迁的故事。梦生现象是父母愿望的一种反映，所以我们就毫不犹豫地给孩子取名"孟子"，从此以后，小湘也就以"孟母"自居。在未来的漫长岁月里，为配合我培养孩子成才，她贡献出了青春，奉献出了一切。第一个孩子又因生在"文革"时期，所以又取了"文"字；另外，我们希望孩子长大之后必须是"天"字号的，故在"文"字之前冠以"天"字，于是我们的第一个孩子取名孟子，字天文。从取名上也可以看出，我们当时就在孩子身上寄托了殷切的希望。

第二个孩子的名字，我们在他出生之前也已想好。大儿子已取字天文，所以二儿子取字天武，正好赶着对应的作用，这样，我们就确定了第二个天字号儿子的字。然后从武字推敲古人的姓名，古代有著名军事家"孙武"，著有《孙子兵法》。因此，我就用"孙子"这两个字作为他的名。这样最后决定二儿子取名孙子，字天武。

这个名字一出台，很多亲友邻居都赞不绝口，说这是一个很响亮的名字，必将为他的一生带来好运，而且与大儿子的名字很好地对应起来。报户口时，人家说了一句半批评半开玩笑的话："怎么把儿子的名字取为孙子，究竟是儿子还是孙子？"弄得大家都哈哈大笑，我一时被问得发呆，因为他所说也在理，我无言以对。他是把姓氏的"孙"字，理解为子孙的"孙"字。好在后来再没有人提及这个说法，所以我们也就不再更改了。

的确，"天武"这个名字很响亮，他经历了一条很幸运的成长之路，也许与他的名字不无关系。

小女儿天西出生前，我心中就拟定：如果生的是女孩，就取名西子。因为，我的天真烂漫的大学时代就在杭州度过，西子湖的景色我是那样的熟悉，它的风姿曾熏陶过我年轻的心灵，鼓舞我去追求一个崇高的理想。正是为了这个崇高的理想，为了童年的梦，我离开了我所爱的西子湖，"走上了那荒凉的海岸"，至今仍在这漫无边际的苦海中随风飘荡，而且回头也没有岸。我相信，就我自己而言，今生已无法实现自己在西子湖畔做过的梦了，倦航的船儿只能在孩子们构筑的良港里归航了，所有的一切都寄托在孩子们的身上。所以给这最后的孩子取名西子，以纪念我对西子湖的一片深情，使她能永远记住西子湖，记起父辈的艰苦奋斗历程，让她去实现父辈在西子湖畔留下的梦。

天西这个名字也得到了所有亲友的好评,都说是个好名字,问我从哪里想出这么多的好名字。确实,这也是一个很响亮的名字,没有几年就传遍了瑞安城。后来的1997年,天西二十岁时,因生物统计学研究上的特殊成果荣获哈佛大学罗伯特·里德奖。两年后又因生物统计学中的半参数随机成果,荣获国际生物统计协会在北美亚特兰大颁发的奖项,于是蔡天西这个响亮的名字开始在太平洋彼岸、在世界上传扬。

数次择校,能力为本

孟母三迁为择邻,而我们多次举家搬迁,从莘塍搬到南陈桥头,又搬到九里村,再搬到瑞安,为的就是让孩子尽早入学,顺利跳级。这些举措,都是在孩子能力允许的前提下开展的。

1975年秋季,我们根据老二天武的智能发育情况和他对读书的强烈兴趣,认为他可以上学读书了。虽然他当时还不到五周岁,但从一年多的规范训练中,我们发现他已具备正式读小学的条件。我们不是教育学的行家,不能用一些正确的术语来描述这种条件是什么。但是,凭着我们的直觉和经验,我们深知孩子肯定能胜任小学的学习。

于是,我们向九里小学提出了入学的要求。在向校长介绍了孩子的智力发育情况及学前教育情况后,他基本上同意了我们的要求。但是,他看孩子小得实在不起眼,要我们直接找班主任老师做工作。

班主任正好是潘京红老师,她看孩子"太嫩",担心孩子不能上学,有点迟疑不决。我们就提出先让她测试一下,约好当天下午进行测试。测试后她很满意，还跟我们开玩笑说，你们做医生的肯定给他吃了什么灵丹妙药。

由于测试时的良好表现，且又有天文早读成功的先例，潘京红老师很高兴地接受天武到她的班级里就读。这样，不到五周岁的天武就正式成了九里小学的一名学生。自从大哥上学之后，天武就非常喜欢读书，对那些上学的孩子很羡慕，经常向我们要求上学读书。在学前训练阶段，我们只要以"上学"两个字作为条件，他什么困难的事都愿意做，什么作业都能按时完成，使得我们经常被感动。我们从中悟出了榜样的重要性。

天武入学之后，正如我们所预料的，他不但能很好地适应学校的学习生活，而且很快就成为一名优秀学生。他数学学得特别好，每次作业和考试基本上都是一百分，从来没有大的失误，老师家访时经常夸赞他，这或许与学前阶段的规范训练有关。天武入学时我们唯一担心的是，他年龄小，比同班同学至少小两岁。我们怕他被同学欺负，再三关照老师要好好照顾。奇怪的是，他竟能和同学们相处得很好，几乎每个同学都对他很好。我们在学前阶段训练中并没有这个项目，这种与人好好相处的能力，也许是他在与哥哥、弟弟的相处中无意间学会了。现在到了大环境中，他把自己从小就培养起来的做弟弟的本领用到了比自己大两三岁的同学身上，因此赢得了"人缘"。这也许是叠加效应的一个好处。

第二年，天文转学到莘塍区小的时候，我们把天武一道转过去，插到莘塍区小二年级一班，班主任刘老师也是一位很不错的优秀老师，她对天武很关心也很欣赏，每次家访的时候总是向我们讲天武的优异之处，说他将来必定是一个难得的人才。

女儿天西只有四岁时就上了小学，已经比同班同学小三至四岁，为了让她在心理上很好地适应学校的集体生活，在小学阶段我们就不考虑让她跳级，以巩固以前所取得的成果。当然，我们深知按天西的知识和学业水平，完全可以在小学阶段再跳一至二级。但我们担心她再次跳级之后，万一心理方面的不适应造成学习障碍，反而会误了大事，得不偿失。

但是，到了五年级以后，天西的学业水平确实已经很突出，而且已经把初中一年级除英语以外的全部课程基本自学过了。我们考虑到现在如果再不跳级，就会造成时间上的浪费，而且对天西的学习兴趣也会有影响，因为老是去读已经学过的东西会感到厌倦。

所以读完五年级的那个暑假，我们专门请了一个教师给天西教初一英语，这位老师是我们的莘塍同乡，是一位自学成才的优秀老师，他的名字叫蔡春林。在蔡春林老师的教导下，天西用了二十三个下午的时间学完了初中一年级的英语课，并记熟了全部的单词和语法。经蔡春林老师的测试，成绩不是合格，而是优秀。他很肯定地说，从天西所学的情况来看，英语课完全可以插到初二年级就读，不会有任何问题。

其他功课我们自己完全有把握，既然英语课不会有困难，我们就决定秋季开学之后不读初一，直接跳级读初二。

那时小学升初中也有升学考试，天西考取了当时瑞安城关最好的初中——城关一中。我们去找城关一中的领导商量天西跳级读初二的事，但是没得到同意。

这时我们处境十分艰难，如果让天西留在城关一中就读，就必须从初一读起，这样就会浪费掉宝贵的一年时间。如果要跳级读初二，就必须到其他中学里想办法，这样就必须把人们认为的瑞安最好的初中——城关一中放弃掉，这在一般人看来是很可惜的事。

特殊的人生经历使我们有在重大关键时刻做出决策的能力。在我们看来，浪费掉一年宝贵的时间，对孩子成才来说是无法容忍的大事，而学校的"好"或"差"主要取决于生源和老师，与学校的名气并无关系。对于一个真正优秀的学生来说，如果在"好"学校里遇上"差"老师，还不如在"差"学校里遇上"好"老师。所以在我们看来，学校好或差在初中阶段并不重要，是一件小事。

"顾小而忘大，后必有悔"，这是我们全家信奉的重要家训之一，因此我们心中已打算到别的中学里想办法，放弃城关一中。但是城关一中毕竟是天西努力学习得来的结果，所以我们得首先尊重天西自己的意见。天西略经思索后对我们说："让我先到城关一中试读一天，如果感觉良好的话，就在城关一中读初一；如果感觉不好的话，就到别的中学跳级读初二。"

试读了一天之后，天西很果断地对我们说："城关一中不见得好，对我没有特别的吸引力，还是到别的中学去读初二吧。"一个小孩子不可能在一天时间里判断出一个学校是好还是不好，完全是凭感觉做出决定。但是，在无奈的时候，跟着感觉走也不失为一种应急措施。

于是，我们在当天晚上到城关三中宿舍找到韩显光老师，求他帮助疏通城关三中校长缪锡超和教导主任端木稿老师。韩显光老师对天西的情况比较了解，他的夫人就是天西在小学阶段的数学老师，特别喜欢天西。在韩显光老师的大力荐举下，三中教导主任端木稿老师同意给予测试，而且测试由他自己亲自进行。天西真是很幸运，在关键时刻总是遇上好老师。端木稿老师经过认真的测试之后，把情况如实汇报给缪锡超校长，两人商量后当即拍板收下这个学生，并把他们（天君也同时收下）安插在初二年级的重点班里。端木稿老师还对我们说，你们的孩子真的很了不起，将来会为我们城关三中争名气的。

这样，九岁的蔡天西就成了瑞安城关三中的初二年级学生，经过一年的努力，天西消除了因跳级而造成的一些差距，成绩很快就进入了年级的前几名，成为一个名副其实的优秀生。

中学时代，天西与班级里的同学及任教老师关系都搞得很好，虽然她比一般同学都小三至五岁，但是却看不出有什么心理上的不适应，她在用功读书的同时，参加了班级的一切活动，并与很多同学成了好朋友。

后来，虽然天西十一岁就离乡别土，求学在外，从苏中的科大少年预备班，到科大的少年班，再到美国的麻省理工学院，最后问鼎世界首屈一指的哈佛大学，取得了博士学位，创立了她的事业，但是她始终忘不了中小学时代的美好时光，她童年的美梦就是从这里开始的，人生没有比编织自己童年的梦更为美好的事了。

那年过年的时候，天西从美国的西雅图发来一篇文章《绿湖之滨思故乡》，刊登在《温州日报》专题新闻上，她在文中写道：

> 昨天，我独自偷闲去了著名的绿湖湖畔漫步。从湖面吹来的凉风使我沉寂已久的心灵被唤醒了，天上的星星和月亮伴我回到了天真烂漫的童年时代。飞云江畔的清风皓月、隆山塔旁的薄雾晨曦和朱自清先生笔下的梅雨潭的"绿"浮现在我的眼前，那里有我永远的童年。
>
> 皓月当空。我想起了儿时的伙伴，想起了中小学时代的老师同学，他们可能都在举杯共祝吧。此时此刻，我只能说一句："月亮代表我的心。"

从这些文字里可以看出天西对故乡、对中小学时代的老师和同学怀有多么深厚的感情。

寻觅良师，终身受益

作为一名教师，仅仅教学上有优秀的成绩，而不懂得培养孩子的心态，对孩子的成人、成才肯定是不够的，所谓"经师易得，人师难求"就是这个道理。

天武上小学时，班主任叫廖莉莉。廖老师是一位非常优秀的好老师，她不仅在教学上有很好的功底，而且人品上也是一位难得的"人师"，这对天武来说无疑是一件大好事。就我们的择师原则来说，我们所要求的老师，正是这样的人。仅仅教学上优秀，不懂得培养孩子的心态，对孩子的成人、成才是不够的，所谓"经师易得，人师难求"就是这个道理。天武的幸运在于成才的关键时期总是遇上优秀的"人师"。小学阶段有潘京红、廖莉莉，后来初中阶段有严正和张世祥，高中阶段有孙益练，大学阶段有叶国华和陶老师，正是这些难得的"人师"，带领他顺利地走上成才之路。

天西在求学的道路上也遇到了很多好老师。在苏州中学中科大少年预备班就读的最后一个学期快要结束的时候，中国科技大学派一位博士生导师徐森林教授来此考查，选拔推荐特别优秀的学生。徐教授经过严格测试之后唯独选中了蔡天西。当我们得知这个消息之后，十分钦佩徐教授的眼光。我们家长与孩子朝夕相处这么多年才发现她的数学才能，而从小学到苏州中学中科大少年预备班也没有一个老师发现天西有什么特殊的数学才能，他却能在短短的一两天之内就发现了，可谓慧眼识英才。后来，我们在中科大少年班与徐教授初次见面时，问他为什么能在那么短的时间里就发现天西的数学才能，他很风趣地说："我搞了一辈子数学，如果连一个优秀的数学苗子都不能识别出来，还能当这个博导吗？数学的才能不是表现在你会解什么样的难题，而是表现在你是否具备特殊的数学思维，也就是说，你是否具有数学家的头脑。解题的技巧是可以通过练习学会的，而数学思维不是每个人都能训练得出来的。"

后来，曾经去苏中中科大少年预备班考查的徐森林教授，担任了中科大少年班的数学总教练。这对天西来说无疑是非常有利的。天西的幸运不仅在于总能遇上好时机，而且在于关键时刻总能碰上好老师。她四岁上小学时，因为年龄太小，没人要，与我们素不相识的陈春玉老师收下了她；初中跳级没人敢拍板，又是与我们素昧平生的三中教导主任端木稿老师通过亲自测试大胆拍板，成全了她；高中阶段心理不适应，陈金浩老师关怀她，使她顺利完成生命的第三次诞生；大学伊始，又恰逢徐森林老师赏识她的才华，给予及时的发现和栽培。

人们常说，先有伯乐，后有千里马。一点不假，世界上千里马也许不少，但未必都能遇上伯乐。那些遇不上伯乐的千里马，命运是可想而知的。一株优势的苗子，如果得不到好的栽培，很快就会埋没在荒草之中而无法成材。

试想，如果没有戴维的赏识和栽培，当年的学徒工法拉第未必能够在科学史上立下如此伟大的功勋；如果没有熊庆来先生的一臂之力，也很难想象华罗庚有如此卓著的数学成就。在人类文明的历史长河中，诸如此类的千里马遇伯乐的例子不胜枚举。从中我们可以悟出的道理是：对于一个尚未成才的学生来说，遇上一个真名师是何等重要。可叹的是，名师是可遇而不可求的。我们说天西幸运，意思也就在这里。

徐森林老师是我国著名数学家吴文俊先生的高徒，他现在是中国科技大学数学系的名牌教授、博士生导师。他在数学上的造诣很深，发表过很多重要学术论文，著有《流形》等书，在国际上也是一位知名学者，曾多次被美国芝加哥大学等名牌学校邀请做学术报告。

徐森林老师不仅是一位学术造诣高超的"经师"，而且也是一位不可多得的"人师"。天西在中国科技大学少年班的四年岁月里，徐教授和夫人不仅关心天西学业上的进步，而且也很重视她的非智力素质的培养，全方位关心她的成长。正如叶国华老师对于天武一样，徐森林老师是天西名副其实的恩师。

在徐教授的栽培下，天西在数学方面有了很大的进展，除了学好少年班的课程之外，还选修了研究生的数学课《拓扑与流形》，另外还大量自学了一些她感兴趣的数学课程，开始真正显示出她在数学方面的才华。

家校合作，教育互补

作为家长，应经常与学校老师沟通，把自己孩子的点滴变化告诉老师，并与他们进行很好的配合，共同把孩子教育好。为此，我们向学校提出过三点建议：

第一，多奖励，少惩罚。

第二，可以温和的地方决不严厉。

第三，作业尽量精简，使学生有自由发展的余地。

当时按照学校的规定，孩子必须在七周岁时才能入学，我们为了让天文提前入学，已做好了有关的准备工作：首先把家搬迁到离镇较远的农村——九里。因为镇上的莘塍区小的规章制度比较严格，而九里小学属于农村小学，入学的年龄要求比较宽松，所以我们很快就顺利地解决了天文的提早入学问题。不过，我们也向校方做了承诺，如果读书跟不上，我们立即让孩子退学，决无怨言。

早在天文入学的前一年，我们就经常带孩子到学校看学生上课读书，天文看得很有兴趣，也很羡慕，经常问什么时候他能上学读书，我们说再过一个新年你就能读书了。于是，他就一天一天地等待着，这年过新年的时候，他特别高兴，因为过了新年他就能读书了。

1973年春节过后，天文六岁。这年九里小学正好招春季班，天文就进了春季班。入学那天，我们郑重其事地让天文在爷爷的孝庭前焚香跪拜，然后亲自送他上学，等他位置坐定之后，我们才回家。班主任潘金红老师对他很好，因为天文人最小，就安排他坐在最前排的中间位置。

九里小学是一所农村小学，当时校舍简陋不堪，连围墙也残缺不全。不过几位老师和校长倒是挺不错的，不但教学认真，而且人也和气可亲，对孩子们很关心、爱护。至于教学水平究竟如何，我们也不得而知。但这对我们来说并不重要，因早已作好思想准备，决定亲自全方位掌握孩子的学习情况，即使有什么不足之处，我们也能及时予以补救，不至于影响孩子今后的学习。况且，学前阶段的良好教育，使我们有百分之百的把握，孩子能够在小学时读得很好。

对我们来说真正重要的是：老师必须关爱孩子，使孩子刚刚萌发的读书兴趣和求知欲望得到保护和发展。最担心的是碰上不懂教学方法、态度又粗暴的老师，看似认真负责，但事实上扼杀了孩子的求知欲和自尊心，结果使孩子丧失了读书兴趣，造成无法挽救的学习障碍。

所以，我们在孩子入学之后的第一步工作就是与孩子的班主任和任课老师沟通，反复说明我们在教育孩子方面的观点，并把自己孩子的性格特点告诉老师们，希望他们能与我们很好地配合，共同把孩子教育好。为此，我们向学校领导和有关老师提出三点建议：

第一，多奖励，少惩罚。

第二，可以温和的地方决不严厉。

第三，作业尽量精简，使学生有自由发展的余地。

我还给相关老师讲了陶行知的"四块糖的故事"：

著名教育家陶行知先生，曾担任过一所小学的校长。有一天，他看到一位学生王友用泥块砸班上的同学，他上前制止了王友，并要王友放学后到校长室去一趟。放学后，陶行知来到校长室时，王友已经在门口等候着准备挨训。但出乎意料，陶行知非但没有训他，反而送了一块糖给他，并说："这是奖给你的，因为你很听话，能按时来到这里，而我却迟到了。"

王友很惊奇地接过这块糖。之后,陶行知又从口袋里掏出一块糖,说:"这块糖也是奖给你的,因为当我制止你时,你立即停止了,这说明你很尊重我,所以我应该奖你。"王友在惊奇之余又接过了第二块糖。陶行知又掏出了第三块糖,对王友说:"我调查过了,你用泥块砸那些同班男生,是因为他们不遵守游戏规则、欺负女同学。你砸他们,说明你正直善良,有勇气与坏人做斗争,所以应该奖励你。"这时王友感动极了,他认识到自己的错误,流着眼泪说:"陶校长,你惩罚我吧,我做错了,我砸的不是坏人,而是自己的同学呀。"陶行知听了很高兴,笑着掏出第四块糖,说:"你能正确地认识错误,我再奖给你一块糖。我的糖发完了,我们的谈话也结束吧。"

老师们对我讲的故事很感兴趣,我相信陶行知的教育方法肯定对他们很有启发。由于我们与学校取得较好的配合,使孩子一开始就能够在一种宽松而又正规的氛围里读书学习,这大大有利于孩子发展良好的心态,这种良好的心态对他后来的读书上进,乃至整个人生事业都具有无法估量的作用。一个世界级名牌大学的教授就是从这所简陋的小学里起步的,这里没有天时和地利,唯一有的只是人和。凭着这难得的"人和",我们的孩子在求学的最初岁月里得到了较好的启蒙,这是九里小学的骄傲,也是当年那些老师的骄傲。每当我们想到孩子的成长的时候,我们总是对他们怀着深厚的感恩之情。

在"读书无用论"的观点正在社会上泛滥的时期,很多家长不重视孩子的读书问题,产生了"人生识字忧患始,姓名粗记可以休"的想法,因此对孩子的读书也不放在心上。像我们这种坚持把培养孩子读书看作是自己的人生事业的家长确实是少之又少。特别是在九里这样的农村小学里,可以说绝无仅有。于是我们的孩子相对来说,就处于得天独厚的位置上,使他从小就产生一种特别的自信和优越感。对人生来说,这种自信和优越感，实际上比所学到的知识重要千万倍。

天文在九里小学实现了早读的愿望，读了三年之后，我们发现这里的老师虽然很不错，但是生源素质较差，如果继续读下去，会使孩子缺乏竞争意识。而且，学校为了照顾大多数学生的学业水平和领会能力，在教学要求方面也偏低。为了使孩子接受更好的教育，并能进入较强的竞争群体之中，我们再一次搬家，回到莘塍镇周田湾，让孩子插班到莘塍区小最好的班级。当时，莘塍区小的校长潘贻星老师非常赞同我们的想法，潘校长看我亲自登门求助，他满口答应，当即拍板成全了我们的愿望，并亲自带领我们到所安插的班级里，找到班主任，把天文安排下来，我们全家至今都很感谢他。天文的运气很好，新的班主任胡老师也是个挺温和的人，对天文特别喜欢。

在莘塍区小的一年半时间里，由于有了较强的竞争对象，天文进步很快，已经显出较强的优势。我们在学校教学的基础上，给他增加一些课外学习内容，主要是数学方面，让他学一些较复杂的应用题的解法，以开拓他的思维境界。每天早晨天文还专门对着收音机学日语，他和弟弟天武一起学，学得很有兴趣。另外，我们让他学习一些初中的数学知识，为以后的跳级做准备工作。

孩子的成长成才是学校与家庭的合作结果。如果没有好的老师，不管父母望子成龙的心是多么迫切，不管家庭教育是多么优秀，也难以保证孩子顺利地成长成才。

专业选择，实用为本

人生的道路上会面临着很多选择，正确的选择决定着一个人一生事业成就的高度，正所谓"一着争来千古业"。面对选择，应把握自己、再三斟酌、反复思量，然后做出恰当的决定。

天武上大学选择的专业是天体物理，这个选择在很大程度上是受我的影响。我大学读的是物理专业，曾经崇拜过爱因斯坦，对广义相对论、天体物理感兴趣，并且在以后很长的一段时间里献身于这一专业，即使在20世纪70年代的艰难岁月里也没有间断过，我始终把自己的苦难心灵沉浸在这个堪称人类精神文明最绚烂之花的伟大理论之中。这个理论的优美，使我深信造物主的伟大和人类智慧的存在。在那段苦不堪言的日子里，我终于有幸能在这片"世外桃源"里熬过了深重的灾难，而不至于精神崩溃去寻短见。因此，我对这一专业怀有特殊的感情。

后来，我曾经指望"东山再起"，能够在这一领域里有所建树，但是经过很长的一段无奈的凄凉之后，我最终还是发现失去的已经永远失去了，无法再追回来。现在儿子长大了，而且他的专业也是物理，从中科大少年班后期就开始进入近代物理专业，数学功底又特别强，所以我有意引导他选择天体物理专业。

在1989年10月10日给他的信中，我强化了这一意见：

> 所选的专业是否已经定下来了？当今物理学界数天体物理最为活跃了，它融合了极大与极小的物质世界，研究内容包罗万象，从无边无际的宇宙到基本粒子，从相对论到量子力学，从宇宙的诞生到世界末日，都在它的研究范围之内，真是令人心旷神怡。最优秀的物理学家都对天体物理感兴趣。最近二十多年来，诺贝尔物理学奖得主中，研究天体物理学方面的所占的比例极大。
>
> 所以，我的意见是希望你能选天体物理，如果罗切斯特大学这方面不具有优势，可先读一两年基础课以后再转。

> 当然，专业选择最后还是由你自己决定，我只是提供参考意见。专业选择是人生的大事，望你三思而后行。

天武本人对天体物理也很感兴趣，再加上我的引导，所以在被CASPEA录取之后就选了天体物理专业。

天武去了美国之后，就认真地研究了自己的发展前途。在国内时，只知道美国科学发达，很多方面都领先于全世界，但是对于每所大学的具体情况并不十分了解。现在亲临其境，他开始对这方面的情况有了比较实际的了解。

虽然罗切斯特大学也是一所很不错的大学，但就天武的专业来说，还不是一所理想的学校。他在1989年11月28日的来信中写道：

> 我在这里基本上都好，不过现在我可能要转学，因为这里的好教授都已太老了，马上要退休了，年轻的又没有几个有真功夫的，所以这里好像没有什么希望。因此，我要转学。

作为一个公派留学生，身在异国他乡，举目无亲，经济上又无靠山，所以转学也不是那么容易的事。那年暑假，天武在导师的推荐下，去丹佛美国国家天文台工作了一个月，分析一批最新的天文数据，使他有机会全面了解天体物理的最新发展和趋势。他在1990年12月11日的来信中写道：

> 从整个暑假的工作来看，现在的天体物理已今非昔比了，理论方面许多开创性的框架早已形成，而且基本上已没有瑕疵。即使有些不完美的地方，像大爆炸理论，有人责难其所需要的初始条件太多，而且还不能解释宇宙背景辐射的高度对称性，但至少目前从观测上还找不到足够的证据来推翻它或支持另一理论。

至于观测方面，和理论一样，我觉得课题已分得太细，太阳、中子星、白矮星、太阳系、银河系、近红外、远红外、大尺度结构、大尺度运动，等等。即使是太阳，还分成太阳黑子、太阳风、太阳辐射、太阳中微子等，每一个课题都能够花费你大半生的时间，所以我感觉要在天体物理方面做出大的成绩比较困难。至多成为太阳专家、中子星专家。而且，由于这方面的科研经费不足，毕业之后做博士后或找工作非常困难，所以只好与天体物理 Bye-bye 了。

我接到信后于1991年1月5日给他写了一封回信，再一次阐述了自己的观点，并鼓励他不管从事哪一个专业，都要严格要求自己，把基础打扎实：

　　关于专业选择，我不想给你太多的干扰，应根据你自己的兴趣、特长及当今世界科学的发展方向，同时考虑到为今后的出路做出最佳选择。

　　这里，我想提供几点想法供参考：

　　一、现代科学的任何一个学科，都像天体物理一样，课题分得越来越细，而每一个细小分支的内容却越来越繁杂，乃至即使最细小的分支也足以吞噬研究者短暂的一生。因此，任何一个从事科学研究的人稍不经心就会年华流逝、韶光消失，尚未做出大的成果，就已经到了老朽的年龄。任何有志于攀登科学高峰的研究者，最大的智慧和幸运就在于能够以最简捷的途径，力争在风华正茂之年进入当代科学的前沿阵地，在那里发挥自己的才华，成就一番事业。所以，现在的选择将决定你一生事业成就的高度，所谓"一着争来千古业"的意思也就在于此。现在又是你人生一个非常关键的时刻，你必须好好地把握自己，要再三斟酌、反复思量。

二、无论选择什么专业，都必须全面精通现代物理的最基本的理论，要以物理学界一代大师的标准来要求自己。只有站得高才能看得远。只有对物理学的基本理论有较深的理解，才能在某一具体课题上做出开创性的工作，一旦碰到机遇就会得到伟大的发现。整部科学发展史都在告诉我们一个铁的真理：伟大的发现是从平凡的课题中产生的，就像伟大的天才是由平凡的父母生出来的一样。但是，并不是每个人都能从平凡的课题中得到伟大的发现，上帝很公正地把机遇留给那些曾经为之付出巨大心血和精力的人。而且也只有那些全面精通基本理论并且训练有素的人才能从平凡的课题中一把抓住机遇不放。

三、牛顿的墓志铭上写着："牛顿不仅是伟大的，而且也是最幸运的科学家，因为宇宙规律只能发现一次。"看来似乎也有道理，因为规律被发现之后就不再有什么可以发现了，未来的科学家似乎没有什么工作可做了。经过19世纪科学家的辛勤工作，物理学所达到的伟大成就更使得绝大部分的科学界人士认为，人类对物质世界的认识已经登峰造极，基本框架都已完成，基本问题都已一清二楚，留给下一代的工作只不过是把小数点后面增加几位有效数字而已。19世纪的最后一年，1900年，著名物理学家汤姆逊在一篇展望21世纪物理学的文章中说："在已经建成的科学大厦中，后辈物理学家只要做一些零碎的修补工作就行了，但是在物理晴朗天空的远处还有两朵令人不安的小乌云。"两朵小小的乌云是指"热辐射实验"和"迈克逊－莫雷实验"。但是，20世纪物理学的发展证明他们错了。人类对物质世界的认识并未登峰造极，他们所形成的基本框架只能在某一范围内适用。物理学的天空并非晴朗，而那两朵他们所说的小小的乌云，不久就酿成了狂风暴雨。热辐射实验导致量子力学的诞生，而迈克逊－莫雷实验则引出了举世轰动的相对论。普朗克、海森堡、狄拉克、爱因斯坦等一代物理学界大师应运而生。他们在科学史上的功勋并不亚于伽利略、牛顿。

因此，有志于攀登科学顶峰的人不必羡慕牛顿的幸运，也不要被已经建成的框架所约束，人类对物质世界的认识是永无止境的，有待人们去揭示的自然规律仍然像牛顿时代那样多。因此我再重复一次，不管今后选择哪一专业，实验的、理论的或应用的，都要全面精通物理学的基础理论，以一代大师的标准来要求自己。不要仅仅做一些把小数点后面增加几位有效数字的工作，不要满足于一些零碎的修补工作，而是要时刻留意天空中的乌云，一旦机遇来临就要呼风唤雨，让一场暴风雨在你的呼唤中到来。

经过反复思考之后，天武决定在本校换一个发展前途较好而且也符合他兴趣的专业。罗切斯特大学物理系的光学专业是比较出名的，美国的光学中心就在这里。另外，天武对量子光学很感兴趣，因此从第二个学年开始就重新找了导师，从天体物理转到量子光学专业，从事激光物理学的研究。

女儿天西在求学的道路上也面临了很多抉择的问题。我们原计划在天西读完苏州中学中科大少年预备班之后，立即去美国名牌大学深造，天西自己也有这个兴趣。在天西就读苏州中学中科大少年预备班的时期里，她的两个哥哥天文、天武都去了美国读博士，对那边的情况也比较熟悉，因此天西的条件比较好。当时已申请了哈佛、耶鲁等著名大学。天西在英语方面也做好了充分准备,打算参加 1991 年初的托福考试。

就在那年寒假,我们又进行了再三考虑,最后放弃了这一计划。原因是我们从天西去苏州中学中科大少年预备班读书中得到了教训,让这么小的孩子离乡别土去接受生活的考验,不见得是明智的选择。真正从教育学原理上来分析,得失也尚未可知。经验告诉我们,孩子过早地离开父母身边远走他乡,对其心理发育是不利的,至少是暂时不利的。这种不利对她整个成长过程是否有影响很难说,但从父母的感情来说是应该避免的。

我们已经胆战心惊地走出了第一次风险的阴影,不愿再让第二次风险来扰乱我们的心灵。万一到了异国他乡,出现了以前曾经发生过的心理不适应,那时候我们除了失眠之外,再没有更好的作为。

另外,就天文、天武的亲身经历来说,美国大学本科毕业的学生不见得优秀,而且大部分基础极差,在竞争中根本不是我们的对手。天文、天武得 A 很容易,而其他同学得 B 就很满足了。而一个数学才能突出的学生更没有必要去美国读本科,中国出去的学生数学功底都特别好,连美国教授也很佩服。

况且,天西现在一切都已走上正轨,中科大少年班的胜利在望,而中科大少年班的教学又确实是举世闻名的,在美国也有很响亮的名声。读了中科大少年班之后,何愁去不了美国名牌大学?当时天西才 14 岁,读了中科大少年班之后也不过 18 岁,那时候再读博士不是更好吗?

现在很多高中毕业的学生都在跃跃欲试,想去美国读本科,在我看来实在不是最佳的选择,万望三思而行。

天西后来还是放弃了去美国读大学,而是进入了中科大少年班。中科大少年班起初不分专业,大家一起学基础课。经过一年半之后,学校开始分专业,学生根据自己的特长和兴趣选择专业。

少年班的有关老师给我们写了信:

时间过得真快，一晃又是一年了。这一年天西进步很快，尤其数学学得很好。

　　经过一年半的观察，我们认为天西具有很好的天赋，是一位很有培养前途的学生，而且有几位数学教授也是这么认为的，都认为她学数学最合适。只要你们家长同意，而且天西自己努力攻读，将来一定是一位很好的数学家。

　　现在她已选修了研究生的数学课《拓扑与流形》，而且学得很好。现在教天西的徐、宋两位教授教学水平很高，只要好好跟

天西在科技大学　（1993年）

着他们学数学，将来一定前途无量。

专业选择方面天西自己还没有确定的意向，因为她毕竟还只是一个15岁的孩子，在重大事情的决策上她一向是听从我们的意见。当时我们心中也没有底。虽然我们已经知道她的数学天资很高，但是我们也考虑到一个女孩子毕生从事数学这样纯理论的枯燥专业，似乎不太合适。我们与天文、天武多次商量之后认为应该选一个偏向应用方面的专业。

天西来信告诉我们可供选择的专业只有三个：数学、物理、计算机软件。她明确表示自己不喜欢学物理。

当时比较流行的看法认为计算机软件是比较热门的学科，毕业之后的出路比较好，而且也比较适合女孩子。虽然我们在处事方面一般不受从众思想支配，但这事关系到宝贝女儿的今后出路问题，我们不得不慎重考虑众人的意见。

我在给天西的回信中说："专业应由你本人的兴趣和特长来决定，只要是你本人确实感兴趣的，就大胆地定下来，不必受任何人的干扰。如果在数学和软件两者之间定不下来，我们建议学计算机软件，但这似乎辜负了徐森林老师的赏识之恩。"我们嘱咐天西去与徐教授商量，徐教授虽然有鼓励天西学数学之意，但也不好意思决断，要天西自己三思而行。

那年寒假，我们与天西认真讨论了专业选择之事。根据天西的特长应该是选数学的，如果考虑到偏应用方面的又应该选软件。后来我们得出一种比较折中的方案。因为强的数学功底对于高级的软件研究是必不可少的，而计算机对于从事数学研究的人也是必不可少的工具，所以最后决定选数学，另外自己进修计算机。这样今后出国深造时，不管学数学还是学计算机都是最有利的选择。

我们考虑到天西的数学才华，今后学数学的可能性较大，如果结合"应用"来考虑，学应用数学是最佳的选择。所以在数学选课方面，应该及早偏向与应用数学方面关系比较密切的学科。我们的想法得到了徐教授的支持。

专业选择好之后，天西在科大的学习有了比较明确的方向，进展相当顺利，因此学业上很快就显示出了优势。

天西后来的发展表明，我们当时的选择是明智的，如果盲目从众，就不可能达到今日的高度。

兄弟互助，相互砥砺

莫辜负你一片聪明美质，
你须抖擞精神，
留个芳名在青史。

上面这段话，成了兄妹间相互鼓励鞭策的经典佳话。

天文自从有了弟弟天武之后，非常高兴。当时他已经是很懂事的孩子了，白天他经常站在摇篮边陪伴弟弟，有时候也学着我的样子，从摇篮左边走到右边，然后再从右边走到左边逗着弟弟玩。我们感觉到不仅大孩子的存在对第二个孩子有好处。反过来也是一样，第二个孩子的出生对大孩子也有很大的促进作用，其所得到的好处绝不亚于前者。我把这个现象称之为"叠加效应"，不知别人是否提到过这个现象，我想提请专家注意这个现象。从这个现象中可以很简单地解释某些独生子女家庭的缺陷，例如，缺乏社交能力、娇生惯养等。这都是缺乏叠加效应之故。

天文作为第一个孩子从小就自然有一些娇气，尽管我们对他要求很严格，但仍然是无法避免的。自从弟弟出生之后，这种娇气就在无形之间消失了。他本来每天都睡在妈妈的身旁，而且妈妈不睡下，他也不肯睡；弟弟出生后，没有任何人教他，更没有人强迫他，他就很自觉地睡在床的另一头，把自己原来睡的位置让给了弟弟，而且在床上的动作总是轻轻的，怕弄醒弟弟。另外，在弟弟出生之前，他经常会在妈妈面前撒娇，要妈妈抱他，要妈妈带他到外面玩；弟弟出生之后，他就再也没有要妈妈抱他了，而且弟弟哭的时候，他总是来报告妈妈，要妈妈快去抱弟弟。

天武进入中科大少年班后，他也非常关心弟弟和妹妹们的学习情况。与天文一样，每次来信他都提到弟妹们的读书之事，在关键时刻还专门写信或打电话鼓励他们。他以自己的学习经验现身说法，对弟妹们帮助很大，这些经验之谈对任何一个在读的学生都有借鉴作用。

1985年11月10日，天武来信鼓励弟妹们培养自学能力，在英语方面要重视发音，正确掌握音标。当时他只有15岁，刚进少年班不久，小小年纪就已经很关心弟妹们的学习之事了，信中写道：

> 三弟、四弟在学英语方面要注意，最重要的是音标。如果发音发得不准确的话，你即使说得很流利，语法和单词都掌握得很好，也是不行的，只不过考试考得好一点而已。发音越早掌握正确越好，到以后就不容易纠正了。每天早上读一篇课文，到能够熟读就够了，以此来培养语感。
>
> 最好让四弟也看尚未教过的书，比如初三的课本。即使看得不怎么懂也没有关系，再看一遍，就有些收获了。一本书多看几遍之后，就让他做笔记，做完笔记后再复习一次，接下来再做课后练习，以此来锻炼自己的自学能力。
>
> 对于英语，要让他们有查字典的习惯，若有生词，记在单词本上，每天早上和晚上多背几次就记住了。最好放英语磁带，

让他们离开课本听，要听出是哪个单词就行了。

1986年5月16日信：

　　五弟、六妹在升初中后，最好马上开始继续自学后面的课程，看书看多了会形成习惯，一旦对书感兴趣之后就会自觉地去自学，这不仅可以提前完成学业，而且对锻炼大脑很有好处。

1986年12月15日信：

　　最近我买到了一本书《超级学习法》，介绍记忆的方法，对记忆英语单词及其他内容都非常有效。我试验了一下，发现结果确实令人满意，而且记忆单词轻松自如，简直是一种享受。放假回家时，我将把这书带回家，并教弟妹们运作方法，只要弟妹们有毅力，则单词及其他学科需要记忆的内容肯定不成问题，而且对提高记忆力很有帮助。

1987年中秋节天武来信，对四弟天润放弃读书去学武术深感惋惜，他在信中写道：

　　家里发生了这么大的变化，我心里既高兴，又似有所失。四弟如此聪明美质，就这样刚初中毕业就投身武术，实是憾事。
　　现在想到三弟、四弟都已从不懂事的小孩成长为须自立的少年，我觉得我似乎一下子长大了许多，只觉得光阴一下子就逝去，以至于来不及抓住。心里不知是悲哀，还是快乐甚或是难以言说的痛楚。

1987年12月17日信：

　　少年预备班考试基本上只考初中课程，所以目前计划我想最好是这样：如果高中物理已经看过的话，就开始大量地做物理习题。找一本最新出版的有关初中升高中的物理复习习题集，从第一题开始做到最后一题。如果碰到不会做的就翻高中课本或问老师。假如没有看过高中物理，就应该先看高中物理，然后再做题目。这样站得高，就能看得远。

　　对于数学，五弟和六妹大概已无问题，不过也应该开始多接触些题型，同样买一本较新的习题集。千万别以为学了高中的，初中的就可以不屑一顾了。化学同物理一样复习。英语必须狠下心来多记单词、词组，多看些语法书，我想只要上课注意听、课下多读范文、考试前多背就行了。总而言之，在现阶段里要多做题目，只有做不出题目，才知道自己哪儿不懂。

1988年正月初五来信：

　　四弟千万要先学完高中课程后，也就是说至少在高中毕业后再考虑学武术的事。照现在的情况看来，初中毕业生几乎相当于一个文盲，没有人看得起，也跟不上时代潮流。现在连大学生也已经不足为奇了，何况一个初中生呢！所以现在还是安下心来把书读好，到高中毕业后再去学武术也不迟，那时考虑问题也会比较成熟了。何况从四弟初中的学习情况来看，绝对是一个很有希望的学生，尽管没有考上省重点中学，但是塞翁失马，焉知非福？只要自己努力，凭着你的才智，何人不能超过呢？你还记得爸爸贴在墙上的一张纸上的字吗？

莫辜负你一片聪明美质，

你须抖擞精神，

留个芳名在青史。

1988年9月23日写来鼓励四弟的信：

四弟已转到瑞安中学读书，我很高兴。不过四弟须知，你现虽已是一个瑞中学生，但你的水平比他们还差些。就像二哥当时进中科大少年班一样，刚进来时，水平确实比别人差，但我不服气，一切都从头开始，到现在我不是超过他们了吗？对于你也一样，只要肯下功夫多读多问，就必然也能超过他们的。

还有，做作业时千万做到：每一个题目先在草稿纸上做好，然后端端正正地抄到作业本上，这样你必然会大有收获。必须坚持每一次都这样，不能只开头好一阵，半途而废。

高中英语基础看到第几页了？英语单词、词组照我说的坚持下去必定会成功。

1989年2月22日信：

四弟这学期要加倍努力，千万不能再看那些小说了。英语多背单词、词组，多看些语法书，多做练习，肯定就能考好的。最好有《中学生英语报》，把每一期上的练习都做了，肯定会大有进步，我以前也是这样的。

其他物理、数学、化学等，最重要的是把书看仔细，看到真懂，一个疑问都不能放过。记得在高一第一个学期的下半个学期，由于我看了太多的课外东西，以致到学期快结束时，物理、数学、化学等功课没有及时复习好，当时我想现在该怎么办呢？时间只有十几天了，干脆什么习题也不做，只把课本一个字一个字看下去，一有疑问就问，直到懂了为止，结果那次考试竟取得了很好的成绩。

从此，我就大彻大悟了，原来读书不过如此，一直到现在我都是这样看书的，只有在把书看到真懂了后，才去做题目，教科书上不懂的可以从参考书上找到答案或问老师，这样就会有双倍甚至多倍的收获。

去美国之后，天武更关心弟妹们的成长，除了经常打电话鼓励他们之外，逢年过节还专门写信鼓励指导他们。

1990年1月12日，针对五弟、六妹在期中考试成绩不理想、情绪低落，他专门写了一封信鼓励指导他们：

听说五弟、六妹期中考试成绩不太理想以致情绪有些低落，这很正常，我也一样，但决不能灰心。我在初中、高中乃至大学的考试，算起来还是不理想的占多数，虽然每次考得不好都会难受，但从没灰心过。每次考试之后，我总是找考得好的同学讨论题目，有不懂的就讨论，反正他能考得好，就说明他对这门功课有比较好的理解，经常讨论就可以发现自己的弱点。比如作业做错了，就跟人家讨论为什么错了、如何改正，这样比做十道题更有收获。

至于如何复习应付考试，下面的方法，几乎是万能的定式：

第一步：先把书仔仔细细地读一遍，书上的所有公式、定理都推一遍，不看书把例题都重新做一遍，总之达到完全理解为止。

第二步：在第一步的基础上做一个总结，把所有要用的公式、定义、定理抄录下来，以后复习时或做题时只要看一下总结就够了。

第三步：做教科书上的所有练习和习题，作业做过的或没做错的可以不做，没做过的或作业做错的，不论简单与否，一定要做。

第四步：找一本最新的习题集，一个个做下来，实在难的就去问老师。最好两个人同做一本习题集，这样可以互相讨论，取长补短。碰到不会做的题目，首先看书，找找类似的例题，看看是否可以发现解题的方法，这样同时可以理解书上的内容，又可以解题。

至于题目做多少，要看时间而定。如果时间多，就多做，时间少就选单数的做或跳着做，考试之前不用做题目，只需把总结记熟会背就好了。

考试最怕的是，自己能做的题目，因为不仔细而丢三落四。一般考试或高考，只要你会做的题目能一分不失地得到，你就成功了。

这些或许爸爸都已对你们讲过，可做起来并不十分容易，但只要能尽可能地做到，则考试就没有问题了。

1991年6月20日，在天君、天西快要参加高考（即科大少年班初试）时，天武又特地给他们写信鼓励，告诉他们有关应试的经验并指导考试的注意事项：

当你们收到我这封信时，大概已是7月2日了，离高考只有几天时间了。这几天不必看书做习题了，只要看着以前做好的总结，最重要的是调节自己的精神状态，使自己在7、8、9三日处于最佳状态。要做到以下几点。

第一，注意放松神经，尽量不去想考试。

第二，调节好睡眠和起床时间。

第三，尽量加强营养。

第四，在去考场前准备好一切所需的东西，以免临时慌张，影响精神状态。

第五，买几瓶可口可乐，带进考场喝。

第六，如果可能，在中午洗个澡，或用热水洗头、洗脸。

第七，一个最重要的考试技巧或者说成功之道是，对于你一眼看过就知道怎么做的题目，你千万要仔细，一定要得满分，如果这样的题目你确实百分之百地做对了，那么你肯定成功了。

第八，考完一门后千万别去跟别人对答案，不管对或错，都会影响你的情绪。

第九，绝对自信，认为我做不出来的题目，别人肯定也难做出来，而我做得出来的题目，别人不一定能做出来。

以上经验中第七条最重要，切记勿忘。

心里有结，及时化解

鹤立鸡群，可谓超然无侣也。然进而观于大海之鹏，则渺然自小。又进而求之九霄之凤，则巍乎莫及也，所以至人常若无若虚，而盛德多不矜不伐也……

天西虽经过苏州中学中科大少年预备班的三年锻炼，到科大少年班时心理上已经成熟多了，但是毕竟还是一个只有十四五岁的小姑娘，碰到不顺心的事情就会在信中或电话里向我们发发牢骚、撒撒气。

有一次，班级里有一位班干部对她有点"不礼貌"，她认为这是藐视她的行为，心里感到很委屈，就写信向我们诉苦：

他的做法根本就是不把我当成是这个班的一个成员……我也曾试图关心这个集体，可是我一次次地发现我永远只能做一个观众，而且是一个又聋又哑的观众，连我问一个问题都不能得到解答，他从来就是支支吾吾应付一下。也许他是班干部，只有他有权知道，我本就不该过问。

爸爸、妈妈，为什么会这样？我知道你们会劝我，会告诉我目前学习是关键，别的都不要紧。可是，我也是一个人，总有一天要步入社会，要和人交往。我必须学会生活，我不愿意这样受气，我也不明白为何我从未感觉到他们的真情。说实话，我几乎从未见过他给我一个真诚的笑容，每次和他讲话的时候，他总是报以一个谁都看得出的假笑，我真的很讨厌……

我们很认真地看了她的信，一字一句地推敲，知道她的孩子气还没减，稍受委屈就会出现心理不平衡。在这种情况下到父母那里找寻精神上的慰藉也是很自然的事，因为她这只生命的航船是从这里起航的。作为父母我们有责任担当起避风港的角色，使她这只初涉风浪的船儿在感到有任何不安全时，能够在我们的避风港里找到停泊之所。

我当天就给她写了一封长信婉转地劝导她：

来信中谈起关于人际关系中的一点苦闷，特别是某某的不礼貌行为，造成你心理上的不平衡，我们感到很气愤，恨不能立即狠狠地教训他一顿，为你出气。然而，路隔千山万水，无能为力，只好转而劝你忍耐三思。

记得1989年6月，你在苏州中学中科大少年预备班时，给我们的信中有一段很类似的话："她们这群高贵的公主们主宰着这个世界，或许她们认为我没有令她们满意的地方，从而就对我不理不睬。而我就成了一个孤立的我，没有人关心，没有人问候……我真想去寻求一个属于我自己的世界。"

我们仔细分析了这段话的意义和你当时的心理状态，可以肯定你现在的心理状态和当时的心理状态相近。你在那封信中所说的高贵的公主是一个叫××的女孩子，她对你不理不睬，伤害了你的自尊心，使你幼小的心灵失去了平衡。但是岁月流逝，过去的事物至今回忆起来还特别亲切。你所怀恨的那个女孩子，现在也许你已原谅了她，也许你在思念她往日的好处，你不是说过了一个挺高兴的国庆节吗？苏州中学中科大少年预备班的老同学来看你，她们不是都很可爱、都很值得思念吗？

将来的某个时候，你同样会对大学时代有美好的回忆，中科大少年班的时光也许会是你将来最值得怀念的岁月。当你在将来的某个时候，找到了属于你自己的世界，平步青云、春风得意的时候，科大少年班的同学个个都将使你拥有美好的回忆，因为他们都与你共同度过了人生最美好的青春岁月。他们作为各种角色点缀了你的人生戏剧舞台，使你的生命更加五彩缤纷、绚丽多姿。相对来说，各种角色中，反面的角色更为难得。他既是你竞争的对手，又是促使你顽强拼搏的刺激剂，所达到的效果是一个好朋友无法达到的。亚历山大说过："我的事业之所以有伟大的成就，是我的敌人帮助我造就的，而不是我的朋友帮我造就的。"

将来的某个时候，你会怀念他，他也会记着你。退一步反思，就算真的遇上一个坏蛋、一条恶虫，那又怎么样呢？坏蛋有什么了不起？好人是不会高傲不理人的，只有坏蛋才会趾高气扬、不可一世；也只有坏蛋才会仗势欺人。你根本就不要把这种坏蛋放在眼里，更不要记在心里，坏了自己的情绪。这种人根本就代表不了社会，你终究要步入社会的，但与这种人毫不相干。退一步海阔天空，万水千山总是情，世上毕竟是好人多、坏蛋少。你要抬起你值得高傲的头颅，藐视一切跳梁小丑，用自己的真本领去征服恶人的傲气，只有真才实学才能取得真正的最后的胜利。

当然，这只是我们的退一步设想，其实坏蛋可能根本就没有，只是一种误会而已。大诗人歌德在《少年维特之烦恼》一书中说过："我终于发现误解和成见往往会在世界上造成比诡诈和恶意更多的过错。"所以，凡事还是往好处想比较妥当。

鹤立鸡群，可谓超然无侣也。然进而观于大海之鹏，则渺然自小。又进而求之九霄之凤，则巍乎莫及也，所以至人常若无若虚，而盛德多不矜不伐也……

在我们的劝导下，天西很快就心情平静，而且不久就和闹别扭的同学关系搞得很不错。在电话中她跟我们开玩笑地说，你们的记性真好，几年前的事都记得那么清楚。她却不知道我们把她的信件和材料整理得清清楚楚，而且经常在研究她的成长历程。

经过两年的刻苦奋斗，天西在各方面都有很大的进步。由于在学业上和品德上的优秀表现，天西获得了中国科技大学"三好学生"的光荣称号。从此她开始真正融入了属于她的世界，从一个不谙世事的小姑娘，成长为一个朝气蓬勃、理想远大的优秀少年大学生。

设计旅游，开拓胸襟

旅游可以在孩子幼小心灵的空白图纸上描绘出永远不会褪色的美丽图腾。在未来的岁月中，给他们留下永久美好的记忆，激励他们走向崇高、走向伟大。

20世纪70年代末，全国的旅游风气远没有形成，就连吃饭还是问题的时期，我们就已策划了遍及全国大江南北的旅行计划。

1978年清明前夕，我们准备外出去长白山和大兴安岭。离家时我与天文、天武约好，今年暑假让他们到东北与我们相会，一起去旅游，看看祖国的大好河山。我们到辽宁红山场地时，孩子们已经放暑假。母亲委托我的老同学蔡来弟把天文、天武带到上海，然后送他们兄弟两个登上去往大连的轮船。我们则带着天师、天西按预定的时间到大连轮船码头去接他们。一切都是那么顺利，那么有条不紊，仿佛是两个大人出游一样。其实那时天文才十一岁，天武只有八岁。当看到他们两个手拉手从轮船上镇定地走下来的时候，我热泪盈眶，心血沸腾。我终于深信，以前那段艰难岁月的苦心经营没有白费，我们的教育思想和具体训练方法的正确性，终于在眼前的场景中得到了证实。我们看到了活生生的优秀苗子，蔡家有这么好的孩子，不怕没有出头的日子。

我们始终认为，真正好的素质教育绝不应该培养出一个弱不禁风、不

谙世事的书呆子。以前曾有很多亲戚和学界朋友劝告我们，对孩子要求不要太严格，否则会造就出一个只会读书的书呆子。尽管我们对自己的教育思想和方法有坚定的信仰，但那段时间我们毕竟还没有经过实践的证明，所以心里总有些不踏实，现在终于放心了。

有人说，气概不是通过说教就可以培养出来的，必须由气概高大的人感化出来。在当时我们还不了解气概这个概念，只知道志气和胸襟的概念。一个人志气有大有小，胸襟有宽广有狭窄。就我们的经验来说，感化固然重要，但在适宜的场合不失时机地给予说教、诱导，对孩子的志气和胸襟培养有很大的作用。我们安排这次外出旅游的目的就是为了进行这方面的教育，让孩子们知道外面的世界是何等广阔，祖国的河山是多么美丽，人类的文明又是如何悠远，并借此来激励他们的志气，拓展他们的胸襟。

这次旅游我们用了一个多月

的时间，我们先走遍了大连、沈阳、长春、哈尔滨，还渡过松花江，游览太阳岛。然后我们又游览了赤峰、锦州、山海关、北京、天津、秦皇岛、北戴河、青岛等地。

在北京，我们游故宫、爬香山，还去了颐和园、天坛、天安门、地安门等数不清的宫门殿寺和亭台楼阁，看到了先人创造的灿烂文明，我们借机向孩子们讲述有关的历史故事，在他们心灵中诱发出无穷的兴趣和想象。

最令人难忘的是山海关和北戴河之行。

到山海关正好是傍晚，为了赶时间上城楼，我手拉着天文、天武飞快地往山海关城楼的方向跑去，到达城楼时已近天黑，无法拍外景照片，只得在城楼上叹息。我借机给孩子们讲述了万里长城的故事。我告诉孩子们，万里长城是世界的八大奇迹之一，是中华民族的骄傲。山海关是万里长城东边的起点。毛泽东说过"不到长城非好汉"，我们今天总算到了长城的起点，也算是一个好汉了。孩子们听了都很高兴，我鼓励孩子们长大后一定要做好汉、做英雄。我们在附近的照相馆里拍了一个假景照片作为留念，至今仍然完好地保存着。

在北戴河海滨，适逢倾盆大雨，我借机教孩子们背诵毛泽东的诗词《北戴河》。这首词孩子们其实早已背熟，只不过以前没有亲临其境，并无特别的感觉，现在亲身领略了"大雨落幽燕，白浪滔天"的迷人景色，使他们倍感亲切。我还从毛泽东的词句"往事越千年，魏武挥鞭，东临碣石有遗篇。"中，引出了魏武帝曹操的千古名篇《观沧海》。晚饭后雨过天晴，我带着天文、天武漫步到海滨，对着茫茫大海，在萧瑟秋风中向孩子们讲述千年之前魏武帝的故事，并再次背诵毛泽东的《北戴河》和曹操的《观沧海》。眼前的迷人景色人生难得几回逢，此情此景结合此诗此词，在孩子的幼小心灵上描绘出永远不会褪色的美丽图腾，给他们留下了永久美好的记忆，在未来的岁月中激励他们走向崇高走向伟大。

天西在读科大少年班的时候，在所有课外活动中我们还是特别重视她的旅游计划。在我们的鼓励下天西游历了很多地方。当时我们是这样考虑的：孩子四岁就上学读书，而且由于勤奋好学，整天泡在书山题海里，基本上没有时间出去见识社会，更无暇去游览祖国的大好河山和名胜古迹，这样对孩子的身心发育是不利的。现在天西开始进入青春期，是心理发育的重要阶段，是一个人气概的定型阶段。除了努力学习增长知识之外，很需要一种精神滋养她的灵魂。这灵魂是在她出生之后，我们通过各种手段千方百计塑造出来的。现在到了又一个关键时期，在这一阶段如果不重视灵魂的滋养，就会使孩子的心胸不够广阔，气概不够恢宏，进而影响孩子未来的人生规模，总之会使孩子沦为平庸。

在那段岁月里，我们特别重视有关这方面的启发、诱导，给她看一些名人传记，讲述一些伟大人物的惊天动地的故事，还经常讲伟大的女科学家居里夫人两次获得诺贝尔奖的不朽业绩，以此来诱发她向往崇高的意境，使她小小的心田里经常装载着这些伟大的意念。

但是，我们始终认为伟大的情怀和广阔的胸襟不是通过简单的说教就能培养出来的，而必须经常让美和伟大的外景同上述崇高的意境结合在一起才能感化出来。而旅游可以为孩子提供美和伟大的外景，可以增加见识，调节精神，而且也为气概培育提供了外因。对于内因已经具备的孩子来说，这外因就成了一种有效的动力。中国自古以来有"物华天宝，人杰地灵"之说，所谓"灵光秀气"可以培养出一代伟人的说法，实质就在于此。

因此，我们大力鼓励天西到名山胜景去旅游，并在旅游前后对她进行必要的启发、诱导，促使她的心灵更好地成长。下面是我们在那段时间有关这方面的信摘。

天西 1992 年 4 月 7 日信：

……

我们将要出去春游了，打算去南京，说来也很惭愧，去南京的次数也不少了，但就是没有好好地欣赏过南京的风光，连南京长江大桥都没有认真看过，但愿这次能够领略一下南京的姿色。

天气渐渐转暖，挺想念苏州的，想起以前春暖花开时苏中校园的迷人景色，真想去看看，可惜没有机会，大概是由于合肥的关系，对苏州的印象简直越来越好了，当年真是身在福中不知福。

我接到天西的信后，立即在 4 月 12 日给她写了回信：

……

据说你将去南京春游，我们很高兴，南京可是一个好地方，当你还在孩提时代，在妈妈的怀抱中，我们曾带你游览过这座美丽的古城，曾在玄武湖畔徜徉，沐浴着可爱的春风和朝阳；曾在雨花台瞻仰过烈士的英灵；明太祖朱元璋的陵墓和孙中山先生的陵园都曾经有你的足迹；钟山风雨也侵袭过你幼小的心灵……也许正是这些"物华天宝"熏陶了你尚未开化的童心，才使你长成了现在能压倒一切、战胜一切的坚强意志；也许是锦绣河山的灵光秀气感染了你纯洁无瑕的灵魂，才使我们的宝贝女儿具有现在这么深沉而又强烈的感情。这种意志和感情是成就一切伟大事业的基本前提和可靠保证。但愿这次春游能使你的精神得到调节，并有所收获。这种收获往往是看不见的，但在无形中会发挥出伟大的力量，对你日后的事业有无可估量的帮助。

春暖花开使你想念苏中校园的美丽景色，这点我很理解，因为怀旧心理是天下有情人的共同特点。更何况圣人早已说过，任何美好事物的真正价值往往是失去的时候才会被认识到，而不是在得到的时候。将来的某个时候，你也许会怀念在中科大少年班的峥嵘岁月、在风霜雪雨中搏激流的动人场面。

你的好胜心曾经使你在幼童时期就取得令人吃惊的成绩。当你九岁那年登上领奖台，摘取全市小学生数学竞赛一等奖桂冠时，曾经为你自己也为家庭赢得了莫大的荣誉，赢得了全市人民的羡慕和赞扬。后来一步一步更大的胜利，使你在家乡父老心目中成了不可否认的英才，而你现在的优秀成绩则令所有以前抱怀疑态度的人也不得不刮目相看。只要能继续保持这颗难能可贵的好胜心，你就能向全世界证明你的意志和才华，并能干出一番使全世界都吃惊的伟大事业。为你自己、也为家庭赢得更大的荣誉。

天西于1992年5月5日写的信：

……

我们五一去了天柱山，南京暂时没有去成，等下次再去。不过，我觉得很值得。天柱山也是一个很值得一去的地方，它位于距合肥几百公里的郊外，海拔一千多米。这儿的风景很美，虽然比不上杭州西湖的秀美和苏州园林的静巧，但这儿的水也有一种灵气，这儿的树别具一种风格，更不要说满山遍野的奇峰怪石，真是很美。我的最大的收获是练了胆子，开阔了视野。

1993年10月8日，天西来信谈了游泰山的感慨：

……

国庆节期间，我们系里十八个人一块儿去泰山旅游。我们是中秋节出发的，这是我有生以来第一次踏上北上的列车，一路上特别兴奋，没怎么睡。第二天早上到泰安市，车站离泰山山脚很近，所以我们就步行到了岱宗坊，在万仙楼买了门票就上山了，爬山爬了大约5个小时才到了中天门，吃了顿中午饭继续上山，有几个同学吃不消了，便要坐缆车。我想既然是来登山的，就应该老老实实地登山，累也是一种享受，所以我们大部分人继续爬山。

　　从十八盘起点到南天门门柱共有一千六百多级台阶，一路上风景很不错，我们边走边数，还挺好玩。"登泰山而小天下"的感觉，实在令人得意非凡。

　　第二天早上起来我们去日观峰看日出，那里已是人山人海，大家都在那儿等太阳出来。大约6时多一点，我们盼望已久的太阳总算出来了，日出正赤如丹，下有红光动摇承之，或曰此东海也！此乃千金一刻之际，我全神贯注，想把这一壮观永记脑海，昨日之辛苦攀登全为了此一刻之辉煌，我拿出照相机拍了几个镜头，以后冲出来寄几张给你们欣赏，让你们与我分享此刻之欢乐心境。

　　……

　　有机会看到这么美的土地，我心中有一种不枉做一次中国人的感觉。通过此行，我发现我很喜欢祖国的山和水。对于泰山，我确实有相见恨晚的感叹，"登泰山而小天下"是这次泰山之旅的最大的心得。

　　在天西游泰山那天，我正好做了一个梦，梦中也游泰山。我接到天西来信之后，对她信中的有关游泰山的感受一一做了评说，并把自己的梦中经历告诉了她：

> ……
>
> 你在信中详细告诉了我们关于游泰山的经过，我们十分高兴，仿佛我们自己亲自游了泰山，看了宏伟壮观的日出一样。花了一百元很值得，这么多年埋头苦读，是该好好地潇洒走一回。
>
> "登泰山而小天下"，这不仅仅是一种感观，而且是一种很深的人生哲理。站得高就能看得远，看得远就有一种自信感、自豪感。一个人有了自信感和自豪感，就会有志气、有傲骨。这志气和傲骨是成就一切大事业的基础。所以，每个人都要拼命上进，争取进入高层次，就像登泰山一级一级往上爬，爬得最高就看得最远，"一览众山小"的境界就实现了。
>
> 我很羡慕你能登上泰山之巅看日出，我们向往了多年而未能实现。对于北京、成都、重庆、西安、桂林等地也曾心意阵阵，只是未得时机。如果你有兴趣，我们可以共同拟好一个时间表，安排好时间，大家一起潇洒走一回。特别要把那个中华民族引以为豪的万里长城尽情地看个够，不枉为一个中国人。
>
> "累也是一种享受"，这个论点很对。其实包括旅游在内的所有娱乐活动都是在追求"累"，有累才有胜利感、满足感，没累就没劲，就会有无聊感、厌倦感。
>
> "登山就应该老老实实地一步一步地登"，你实在说得太妙了，使我很感动。这是人生的一种境界，既是智慧的表现，也是经验的总结。只有不畏劳苦沿着陡峭山路攀登的人，才有希望达到光辉的顶点。

在我们鼓励旅游思想的指导下，天西在游泰山之后不久又游了黄山，我借此机会给她写了一封长信，与她谈论旅游的价值并探讨人生的哲理，促使她的心灵成长——

  获知你游览泰山之后又去游览黄山，潇洒地走了一回，我们感到很高兴。祖国河山不仅能消除你的精神上的疲乏，而且能滋润你因单调学习所造成的心灵枯燥，更重要的是巍巍群山的宏伟壮观和绚丽多姿能陶冶你的灵魂，开阔你的心胸，促成你对未来伟大事业的憧憬和对崇高理想的追求，所以我们是大力支持的。可惜你信中没有详细谈及游览的情景，使我们无法分享其中的快乐，要不我们可能又有一个美好的梦，上次梦游泰山真够味！不过也不要紧，我们反正迟早要去黄山走一趟的，而且要潇洒地走。一定要登上山的顶峰，静静地躺着，"仰观宇宙之大，俯察品类之盛"，去领略大自然原姿本色，并好好省悟人生的真正价值。我相信，在那远离红尘世界的仙境般的清静之地，一定能给人一个自我反思的理想环境。另外，我相信，在那高高的山巅上，离天上的星星很近，星星会给我们智慧和力量，会启迪我们的心灵，会给我们的未来带来幸运和微笑。

  我在狭窄的天地里挨过了漫长的岁月，人生最美好的黄金时代就在陋室里来回漫步中度过。从店里到楼上是三十步，从楼上到店里也是三十步，一天天就在这三十步的徘徊中消磨过去，人生也就这样一天天消逝掉，但奇迹也就在这三十步的天地里创造出来。因此，我也常以"运筹于帷幄之中，决胜于千里之外"来自慰。

  然而，当"高堂明镜悲白发"时，我猛然发现就生命的意义来说，我似乎还缺点什么。我像一个急于到达目的地的赶路者，对于沿途名胜古迹和大好河山从未去游览、去观赏，一心想到了目的地之后，再好好地去领略名山胜景的姿色，然而等到了目的地之后，名山胜景已远远离去，再也无法观赏了。正所谓"过了这个村，就没有这个店"！

如果迷恋于沿途的河山景色，赶路者就到不了目的地。当年华逝去的时候，人们总是后悔当初没有及时游乐。殊不知，如果当初及时游乐就什么事情也做不成了。因此，人生总是难以尽善尽美，人总是生活在种种难以调和的矛盾之中。

三十年前，我在厦门鼓浪屿眺望大海时，曾激起我对大洋彼岸的遐想。在广州孙中山铜像旁，我曾立志功成名就的时候周游世界。可惜生不逢时，一切都成了泡影，以致饮恨飞云江畔，泪洒隆山塔旁。

不过虔诚的追求最后还是感动了日月星辰，经过三十多年"类铁窗"的艰难岁月之后，终于在另一种形式下实现了我少年时代的童真梦想。

一想到这些，我总是感慨万千，热泪横流。所以，得知你游览了泰山、黄山，我心中特别激动，也特别高兴，并勾起了我对往事的回忆。

尽管三十多年的坎坷历程，早已使我练就了一副铁石心肠，但毕竟是血肉之躯，常常会为高兴的事激动流泪。

我想，这么大的中国，光游览了泰山、黄山、天柱山还是不够的。将来有机会，我将与你们一同去登那个"无限风光在险峰"的庐山，去找那个天生的仙人洞，去观赏那"云横九派浮黄鹤，浪下三吴起白烟"的迷人景色。我们还将去登岳阳楼饱览洞庭湖的国色天姿，看那"衔远山，吞长江，浩浩荡荡，横无际涯"的壮观。我们还可以一同登黄鹤楼怀古，背诵崔颢的那首连李白都不敢露锋芒的千古名诗："昔人已乘黄鹤去，此地空余黄鹤楼……"我们还将去成都武侯祠拜祭诸葛先生,祈求他赐给我们智慧。同时去草堂看望诗圣杜甫,祝愿他在阴曹地府住上好房子,不再出现茅屋被秋风所破之惨景。我还想与你们一同再去北戴河看"大雨落幽燕,白浪滔天"的动人场面,并在萧瑟秋风中去追忆千年之前魏武帝挥鞭的壮景。

我们要去的地方还很多,可以一同去桂林看那天下第一的山水;去乐山看大佛;去虎门看林则徐的烧烟池;去青岛海滨游泳,再去北京看天安门、游故宫、逛香山,而且无论如何要游览一下中华民族的一大奇迹——长城;有机会还要去见识那净出神仙、侠客的昆仑山、峨眉山……

江山如此多娇,名山圣景不胜枚举。中华大地的灵光秀气孕育出一代代杰出的天才,而这一代代杰出的天才又为中华大地增添灵光秀气。作为炎黄子孙,我们应该为我们的锦绣河山而自豪,同时我们也有责任为伟大的中华文明添辉。

天西后来还游历了很多地方,在出国之前还特地游览了北京八达岭长城,潇洒地做了一回"好汉"。丰富而有目的的旅游活动不仅使她的大学生涯更加五彩缤纷、绚丽多姿,而且,无疑对她的心灵成长、气概培育起着不可估量的作用,使她的心胸更广阔,未来的人生规模更宏大。

旅行是气概培养的一种绝妙形式,广阔的胸襟和伟大的情怀只能在美的外景和崇高的意境同时具备时才得以形成,所谓感化是不失时机地让两者融合在一起。

丰富爱好，领略乐趣

作为家长，谁也不希望把自己的孩子置于残酷的学习竞争之中。成为有学问、有情趣的活生生的人才是最值得期许的境界，而不是只会做学问的机器。

说句心里话，就我本人的观点而言，对孩子们在学习上如此残酷的竞争也深为反感，我们追求的应该是成为有学问、有情趣的活生生的人，而不是只会做学问的机器。所以我很支持孩子们的业余爱好，还特地为天武买了一把天使牌吉他，我在给他的信中还专门鼓励他学吉他：

> 吉他买来了，我们很高兴。纵观世界科学史，我们发现科学家与音乐、与美的旋律有某种不解之缘。但愿天使牌吉他能在你的手中弹出天籁之音般的乐曲，增强你科学思维的活力，点缀你的青春，使你的金色年华更加五彩缤纷、丰富灿烂、绚丽多姿。

在天武上中科大的最后一个学年里，他花了三十元进了合肥一家吉他普及班学习吉他；花了五十元学了气功大师许传德的气功，还学了围棋等。另外，他还游览了黄山，又远游至北京等地。所有这些爱好，本该是属于他这个年龄段的趣事，以前由于全力以赴地读书奋斗以致无暇问津，这段难得的空闲时间，使他有机会领略人生的另一方面乐趣。

时间管理，只争朝夕

世界上的一切胜利都可以归结为时间上的胜利。现代最新研究成果表明，小时候的一年比成人后的一年对人生的发展来说更加重要，因此要更加珍惜，时间管理的重要性就体现在这里。

世界上的一切胜利都可以归结为时间上的胜利。如果说我们在教子成才方面有什么经验，主要是我们有较强的时间管理意识。最突出的表现就是我们对所有孩子都进行最大限度的早教。孩子们基本上都是五岁左右上学，而且在出生之后到入学之前就开始了家庭早期教育，包括知识教育和行为习化。

我们既不是脑发育专家，也不是儿童早期教育理论家，没有做过关于大脑发育的专门研究，也没有关于儿童早期教育的具体资料。我们当初完全是出于争取时间这一最简单的想法才进行早期教育的。我们认为，儿童阶段的一年与博士阶段的一年是同样的一年、早一年开始教育就可以早一年上学读书，早一年大学毕业，也就早一年博士毕业，早一年投身科学研究工作。一般人对于学前阶段的一年往往不重视，认为孩子还小可以慢慢来，早一年晚一年不在乎；对于博士或大学阶段的一年则认为是黄金岁月，浪费掉就认为是不得了的大事，其实这是完全错误的。

值得庆幸的是，我们为了争取时间的早教措施，正好符合现代早教理论和有关大脑发育的科学研究成果。于是我们的孩子不仅因为早教而争得了许多宝贵的黄金岁月，还因为早教使大脑功能获得了较好的开发，而且后者可能比前者更有价值。

天文十五岁读大学，十九岁读研究生，二十一岁开始在国际学术会议上和国内外权威学术刊物上发表论文多篇。天武十四岁读中科大少年班，十八岁由国家公派赴美攻读博士研究生，二十岁获 SUSUMU 物理奖。天西十四岁读中科大少年班，十八岁赴美攻读麻省理工学院的博士生，后来转到哈佛大学继续攻读博士学位，二十岁获得罗伯特·里德奖，二十二岁便拿到哈佛大学博士学位，还荣获国际生物统计学会北美东部区域"半参数随机成果奖"。这些都是时间管理意识强获得的好处。

当今教育按正常程序，从小学开始到博士毕业总共需要二十二年左右，如果从七岁开始上学，那么到博士毕业就将是"三十功名尘与土"了。再经过"博士后"，正式进入角色已是三十开外的人了。相比之下，我们的孩子都有很大的时间上的超前。这时间上的超前，无疑要转化为以后竞争上的优势。

如果说天文的早教原则的确立只是我们为了争取时间，希望从孩子身上追回因生不逢时而失去的年华而采取的一种补救手段，那么到了天西，则不仅仅是一种应急措施了，而是一种渴望为孩子成才取得胜利硕果的手段。

为了不错过最佳教育时间，我们只能尽早开始。诚然，这样做经常会由于开始得过早，孩子太小而无法有效地接受早教，必须经历一段无效的试验阶段，才能慢慢地到了有效的接受阶段。但是，只有这样才不至于错过最佳的教育期。而且"无效的"试验阶段也不一定是完全无效，它很可能促成有效阶段的提早到来。

如果从较晚的时间开始教育，虽然孩子一经教育就能接受，但可能已错过了以前的一段时间，浪费了孩子最佳教育期的宝贵年华。另外，虽然尽早开始教育，但是耐不住无效的试验阶段，失去信心而停止了早教，等以后再开始时，已错过了一大段时间，同样会造成时间浪费。

每个孩子都有自己特有的成长、成才时间表。这张时间表，正如人类的其他素质一样隐藏在基因之中，是无法根据外表的观察完全彻底弄清楚的。所以，你如果不想使孩子失去在教育机会上流逝不返的时间，你只能从早入手。因为早了，就可以慢慢等待时间和机会，晚了则无法追回失去的年华。

早年曾听父亲讲过张良的故事：

> 张良少年时曾经遇到过一桩奇事。有一天，张良在一座桥上遇见一位老人，这位老人的鞋子掉在桥下，要张良为他取鞋并给他穿上。张良本是贵族公子出身，给人取鞋、穿鞋对他来说是一件不可容忍的事。他本想发作，却忍住了，乖乖地给老人取了鞋并给他穿上。老人没有谢他就走了，走了一里多路，又转回来对张良说："小子可教，五天后你来这里见我。"五天后张良来时，老人已等在那里，他不愉快地对张良说："与老人约会，你应该早到才是，今天你迟到了，得先回去，五天后再来。"五天后又是老人先到。再过五天，张良干脆不睡觉，连夜等在那里。老人这回很高兴："小子可教，理应如此。"说着从袖口里取出一本《太公兵法》，嘱咐张良好好读这本书，将来可成帝师，辅佐王者。后来张良日夜苦读，终于成为一个大政治家，成了帝师，辅佐刘邦一统天下，创立帝业。

我从这个故事里悟出一个道理，机会不可能正好在你需要的时候到来，任何重大的事情，你必须早点去等它。把这个教训引用到早教领域里很有裨益。早期教育并不是创造了奇迹，而是人类本来就具有这种潜能，只不过大多数人没有及时去开发它，而错过了潜能发挥的机会，于是那些能够及早去等它的人就得到了《太公兵法》，成了帝师，创造了奇迹。

一般人都走不出对时间认识的误区，对小学阶段的一年并不重视。认为孩子还小，可以慢慢来，早一年晚一年不在乎。其实就时间而言，小时候的一年和长大后的一年，同样是一年，起码具有同等的价值。条件具备的话，早一年读中学就等于早一年大学毕业，也就是早一年攻读博士；浪费掉小学阶段的一年，等于浪费掉博士阶段的一年。而后者往往会被人们认为是一件了不得的大事，其实这是错误的。事实上，根据现代最新研究成果，小时候的一年比成人后的一年对人生的发展来说更加重要，因此要更加珍惜，时间管理的重要性就在这里。所幸的是，我们早在四十年前就非常重视这一点。

隔代教育，重在陶冶

孩子们平和忍耐的性格、宽宏大度的处事方式、孜孜不倦的进取精神无不与他们的奶奶一生中历贫穷、享富贵，看尽人间荣辱，饱尝甜酸苦辣的经历紧密关系，她的慈容心态滋养了孩子们的幼小心灵。

天文与奶奶有很深的感情，小时候曾得到奶奶的诸多关爱，每到过新年的时候，奶奶总是给孩子们分压岁钱。后来天文虽长成大人了，但奶奶总忘不了他的一份。天文上大学后，每次来信都向奶奶请安问好，每次放假回家，都特地到莘塍老家看望奶奶。当他获知奶奶病危的消息，立即来信来电慰问、请安，还专门给奶奶写了一封慰问信，他在信中写道：

> 孙儿惊悉奶奶贵体有恙，心里非常难过。近些年来孙儿一直求学在外，心中非常挂念奶奶，我深知奶奶对我有很高的期望，指望我有一天能出人头地、光宗耀祖，因此我平时总是加倍

> 用功，以不辜负奶奶对我的深切期望。回想从小至今，奶奶对我的悉心照顾和关怀，特别是这几年孙儿在外读书，奶奶还老是惦念着我，使我心里很是感激。我多么盼望奶奶健康长寿，亲眼看到孙儿学有所成，以报答奶奶的养育教导之恩。孙儿得知奶奶生病住院后，真想立即回家看望你，服侍在你的床前。无奈现在正值期末考试，无法回家，深感愧疚，这学期将于7月8日结束，我将尽早回家看望你，请奶奶千万保重，静心养病……

奶奶不幸于1987年7月5日驾鹤西去，为了不影响天文考试，奶奶在临终前嘱托我们不要把她去世的消息告诉两个孙儿，我们也就照办了。天文7月8日考试完毕，赶回家时已是7月9日。获悉奶奶已然去世，他泣不成声，泪流满面，悲戚不已。天文从来不流泪，这是我们第一次看到他流泪，正所谓"男儿有泪不轻弹，只缘未到伤心时"。奶奶的去世给他带来了莫大的悲伤，他曾对我们说，以前认为世上的恩情总是可以报答的，现在才知道世上有永远无法报答的恩情，将来事业有成，纵然百万富贵、千万荣华，也无法报答奶奶的恩情了。真后悔奶奶在时没有好好服侍过她，没想到生命这么脆弱，说走就走了。他给奶奶写了一副挽联，挂在奶奶的灵堂内，在奶奶灵前三拜九叩后，默哀守灵。

老二天武小时候也与他的奶奶接触较多，奶奶对天武也很好，不但生活上无微不至地关怀他，使他健康成长，而且还引导他立志上进，经常给他讲述一些有启蒙教育意义的故事。她讲的岳飞的故事、杨家将的故事、韩信的故事，都给天武留下很深的印象，无疑对天武幼小灵魂的塑造过程有过影响。为了调节他的兴趣，奶奶还经常教天武背千家诗和家乡民谣，教他下象棋、做游戏、猜谜语、算数学题。

奶奶一生经历过多次的大起大落，历贫穷、享富贵，看尽人间荣辱，饱尝甜酸苦辣，悟出许多真知灼见。不管是春风得意的快乐日子，还是忍辱负重的艰难岁月，她总是坚强地带领着众多的子女们生活下去，并以她的慈爱之心怜悯那些穷苦的乡亲，以她的一技之长，在人间留下数不清的功德，这些都是有口皆碑的事实。另外，更为重要的是，她虽然没有很高的学历，但是懂得读书上进是孩子最好的出路，她能够在爷爷过世之后的困苦岁月里，把先辈的读书思想和做人的道德规范传承给子孙。在她博大的胸怀中，蕴藏着无数的人生哲理，即便是一个小小的故事，从她的口中讲出来也能成为一个生动的教材。奶奶的身教和她的故事不仅对天武的成长起着良好的作用，而且也加深了他与奶奶的祖孙之情。

奶奶的慈容心态熏陶了他的幼小心灵，这与他日后逐步形成的平和忍耐的性格和宽宏大度的处事方式以及孜孜不倦的进取精神不无关系。有人说过："王侯将相有没有种我不知道，奋发读书之家有没有根我知道，是有根的。"的确，一个真正读书之家的形成是必定有其根的，没有几代人的共同努力，不可能造就出类拔萃的书香门第。

从奶奶病危期间天武给她的慰问信中，可以看出他对奶奶怀有多么深厚的感情——

亲爱的奶奶：

您好！

爸妈来信说，您现在正住院，真的吗？您现在可好些了吗？饮食可正常？睡得安稳吗？

奶奶，我这学期课程很多、学习特别紧张，故一直未能给您老人家写信，请奶奶多多原谅。上学期，我在班级中已是第三名。这学期，我要争取第一名。在我们的班级中，我是唯一的浙江人、唯一的温州人、唯一的瑞安人、唯一姓蔡的人，我不能让家乡父老丢脸，而作为一名蔡家后代，我更不会丢了祖先的脸，我要为蔡家争光。

记得小时候，那个夏天，爸爸和妈妈都养蜂外出了，我和四弟就住在你身边。我们玩脏了，你就给我们洗澡。衣服脏了，你就把我们的衣服洗得干干净净。晚上在院落里乘凉时，你就给我们讲故事，什么诸葛亮、武松、杨家将等，至今记忆犹新，难以忘怀。

今天，月亮又圆了，我虽然身在他乡，却也能看到家乡的月亮，若是月亮会说话，我一定让它带句话，就说我好想奶奶。也许别人会说我都是大学生了，还讲这些孩子话，但在奶奶面前，我永远是孩子。

今年11月份，我将参加留美考试的预选，只要顺利的话，我将参加明年7月份的留美正式考试。中科大去年五十个考生中，有三十三人金榜题名，少年班中就有八人，全国名次是第二、四、五、八……我想只要我努力，我也一样能考上，一样能去太平洋彼岸、地球的另一端——美国。

到那时，奶奶，我一定带你去看看外国的景色，看看那些高鼻子、蓝眼睛的家伙，看看令人向往的自由女神，看看唐人街。

奶奶，您现在可要好好养病，等痊愈后还要多加营养，坐享天伦之乐，安度晚年。

祝奶奶寿比南山！

孙儿天武拜上
1987年6月9日深夜

天武赴美后仍然很思念奶奶，他到美国后，在第一个春节来临之前给我们的信中写道：

爷爷、奶奶的坟也不能亲手给除除草、上炷香，只有请你代为拜祭了。记得在奶奶去世之前，我曾写信给她老人家说，等我到了美国一定带她去看看华尔街、唐人街……也许是她老人家在天之灵保佑我通过李政道主办的CASPEA博士班的考试……

得之宠爱，失之溺爱

父母亲的宠爱可以使孩子保持着征服者的感情，做一切事情都充满着必胜的信心。父母对孩子的宠爱是应该的，也是必要的。宠坏孩子是父母亲没有原则性教育的结果。

人们都说，从小被宠爱惯了的孩子，不可能很自觉地读书，就算能读书，其他方面也很难适应学校生活。天西作为我们的掌上明珠，从小就是在我们的无限宠爱中长大的，五个哥哥对她也特别喜欢，什么东西都让着她，只要是妹妹想要的，从来没有人与她争。但天西入学之后，各方面都表现得出人意料地好。

尽管宠爱，我们对她的早期教育仍比较认真，虽然任务不是很重，但是比较规范，使她养成了良好的学习习惯和做人的道德规范。另外，因为有五个认真学习的哥哥做榜样，使她对正规学习一点不陌生，所以入学以后，非但并不娇气，而且能够很认真自觉地读书上课，从来不迟到、不早退，更从未旷课、缺课。她的认真程度甚至比我们所要求的还高，即便生病也要去上课。

当时，我们为了孩子读书，已经移居瑞安城关东门，天西就读的城关六小正好在我家对门，离我家只有一步之遥。天西刚上学的那段时间，经常在下课的时候跑回家来，看我们有没有在家，有时候还回家来要妈妈抱抱她，然后再回到教室。

有一次放学，看到我们不在家，她推测我们去了莘塍老家，就一个人往东门轮船码头方向走去，然后上了轮船，到莘塍去找我们。她到莘塍老家的时候，我们已经回瑞安东门去了，她又一个人乘轮船回瑞安。瑞安城关至莘塍老家有十多里路，乘轮船要半个小时，而且从轮船码头到家还要走很长一段路。虽然她受过辨别道路的训练，对方向和目标有很强的辨别能力，只要是走过的地方，从来不迷路，但是毕竟只有四岁多一点，我们真有点担心，从那次以后，我们再不敢随便离家出走了，非得向她交代好，才能动身。

天西做作业特别自觉而且认真，从来没有一次作业不做。有时候，我们怕她累，叫她作业能做多少就做多少，不必全部做，但她总是一份份地全部做完为止，没有做完她就不睡觉。有一次，我们带她去看电影，电影放完的时候，她已经在妈妈的怀里睡着了，我们把她抱回家放在床上继续睡。半夜醒来的时候，发现她穿好衣服在做作业，我们虽然心里很高兴有这么一个乖女儿，但是又怕影响她身体，所以几次叫她睡下，可她非得要把作业完成后才睡下。

根据天西学前阶段的学习情况，我们对她的数学功底是有把握的。入学后，她的数学总是考得很好，经常得第一名，数学老师林一微很喜欢她。当时，我们心中对天西的语文课没有底，虽然早期识字教育比较成功，但她毕竟只有四岁，小娃娃一个，怎么能跟人家七八岁的孩子相比较？况且，语文的功底与年龄的关系比较大，特别是作文，与一个人的经历及成熟程度关系更大。但是出乎我们所料，她学习语文竟然没有任何困难，造句和作文也很不错，经常得到陈春玉老师的表扬。这说明早期识字教育和背诗等口语训练确实很重要。

由于学业成绩的优秀，使得她本人对读书的信心和兴趣都大大增加了，我们也更放心了，早读的心愿终于确确实实地实现了。现在我的家教任务主要是指导她把学校的课程学好。在课外内容方面，我们安排了两个重点：

一、多看范文和连环画。
二、提高她对数学应用题的兴趣和解题技巧。

对小学生来说，数学应用题的难度主要是对题意的理解，而对题意的理解又与语文的水平有关，所以多做数学应用题可以大大提高语文的水平。我经常用图解法增加她的直觉能力，使她在解题技巧方面比一般同学略胜一筹。另外，我在教数学应用题时，特别强调把一个看似很复杂的问题化解为几个简单的问题，然后再让她一步一步把每个简单问题解决好。这方法对发展她的思维能力有很大的好处，经过几年的诱导之后，她自己也很好地掌握了这些方法，为她以后的数学竞赛获奖打好了基础，并为她将来在数学上的发展奠定了根基。天西对我那段时间教她的方法有很深的记忆，她在后来的一篇作文中写道："爸爸有一套教育方法，无论多么复杂的问题，经他一说就变得简单了。"

在城关六小里，天西的成绩已是全年级第一，但是，我们对她的真实水平还只能从我们自己的测试中获得。因为城关六小是瑞安城郊的小学，虽然陈、林二位老师都是水平很高的优秀老师，但是生源较差，天西无法在竞争中显示实力，所以在三年级时我们打算把她转学到瑞安城关五小，这所学校是瑞安最好的小学。转学之事几经周折，最后在夏克西老师的大力帮助下勉强成功。

进入瑞安城关五小以后，天西的学业成绩开始是第十名左右，经过一年之后，就上升为年级的前几名。五年级时，她由于数学成绩优秀被学校推荐参加了瑞安市小学生数学竞赛。在参赛之前，我根据天西的数学特长,为她做了一些训练,主要培养解题技巧及应试的注意事项,并特别告诫她,能做的题目一定要细心做好,万万不能失分。真正难的题目,你做不出来,别人也不见得能做出来,所以考试或竞赛的关键是把自己的实际水平发挥出来。根据天西的数学功底,我们深信,只要把自己的实际水平发挥出来,得奖是肯定的,因为别的同学很少有这么好的数学功底和知识面。

天西那时候还不满九岁,而参赛的全市六百名同学都比她大三至五岁。可她竟轻松地取得了一等奖。在颁奖大会上,大家为之惊叹不已。从此,"神童"蔡天西的名字开始在瑞安市传扬。

天西在小学阶段的顺利成长,与陈春玉、林一微两位老师对她的关爱是分不开的。初入小学时,天西坐在凳子上两脚不能着地,所以她自己想坐上去很困难,陈、林二位老师总是把她抱上去;上厕所时,天西连裤带都不会系,也是两位老师帮忙的;天冷的时候,陈老师看她衣服穿得太少,多次把自己的外衣脱下来,披在天西的身上。这些事让天西都很感动,后来读中学时,还把它们写在作文上,可见记忆之深。

在学习方面,两位老师抓住天西人小、聪明好学的特点,对她以表扬鼓励为主,从来不严厉批评。即使有什么问题也很及时地与我们取得联系,找出原因,耐心地加以纠正,绝不粗暴对待。这样就很好地保护了她的自信心和对读书的兴趣。

天西在襁褓之中就学会了对人笑脸相迎,有礼貌的微笑使天西深得亲友好感,入学后也得到同学和师长的喜欢。另外,天西虽然是在我们的无限宠爱中长大的,但她在与五个哥哥的相处中已学会了如何做一个好妹妹,那些比她大三至四岁的同学,都把她看成是一个乖妹妹。所以天西从小学时代开始就与同学相处得很好,每天都有同学来接她,放学后也有同学送她回家。

我们从天西的成长中悟出一条道理:父母对孩子的宠爱是应该的,也是必要的。这不仅不会把她宠坏，而且还会培养她的良好心态，使她永远保持征服者的欲望，保持对成功的信心。所谓宠坏的原因是：你宠他的时候没有去教育他，使他根本就不知道应该怎样做人，不知羞耻、不知恐惧、不知艰难。三不知是没有教育的结果，而不是宠爱的结果。

我们在宠爱天西的同时，特别重视教育，不仅重视智力教育，而且也重视品德和感情方面的教育，所以非但没有把她宠坏，反而更有利于她成才。

筝线艺术，亲子共勉

与孩子通书信是建立亲子关系的绝妙手段，是其他联络方式所不能比拟的。通过书信与孩子有了心灵通感，才使亲子之间存在一条无形的联络线路，无论彼此离得有多远，这条线总是牢牢地联结着彼此的心。

如果说天文小时候是在我们的影响下长大的，那么长大成熟后的天文，我们对他的影响非但没有减少，反而更大了。在大学阶段我们与天文有着频繁的书信来往，我们至今仍完好地保存着这些信件。从这些信件中可以看出我们对孩子健康成长的关心和期望，以及当时所给予他的启发和指导，同时还可以反映出我们的治学思想和对人生理想的追求。尽管孩子远在天边，那"筝线"还是紧紧地握在我们的手中。当然，这条"筝线"不是简单地靠书信来往而实现的，而是依赖从小形成的心灵通感。有了心灵通感，才使我们亲子之间存在一条无形的联络线路，无论彼此离得多么远，这条线总是牢牢地联结着我们的心。这也许就是人们所说的"筝线"的实质。

天文的大学时代，我们总共给他写了七十多封信，下面摘录各个关键时刻我们写给他的几封重要信件。

1983年4月7日，在给天文的信中强调学历的重要性，鼓励他争取得到高学位：

孟子：

你好！

……

真才实学固然重要，但是没有正式学历也会到处吃亏的。因为一个人不可能经常把自己脑袋里的学识倒出来给人家看。现在整个社会都是把一个人的学历作为这个人学识的标志。你必须时刻不忘，努力学习。要有真才实学，也要努力上进、全力以赴，争取得到博士学位。只有这样才能在今后的现代社会中不吃亏，才能更好地发挥你的才能，更好地为科学事业做出贡献。

……

1983年10月5日信中，与天文谈几何学基础及数学美：

……

你自学几何学基础，爸爸很高兴。二十年前，我曾全力以赴攻读几何学基础，希望能在这方面做出成绩。后来由于钻研黎曼几何，逐步把我引到相对论的研究上。再后来为了谋生，我又开始钻研医学。二十多年来我把所有精力都花在相对论和医学上。但是对我来说，几何学对我有着特殊的魅力。它几乎影响我的整个思维方式，甚至影响我的生活方式。直到现在，我仍然在各方面不断地追求几何学的严格性和其特有的数学美。我深信世界是杂乱无章的，只有数学中才有真正的美。

你学完基础后，再把高等几何从头至尾看一遍。特别要对其中有关几何学基础方面的材料认真钻研一遍。对克莱因的爱尔兰根纲领则必须彻底精通。因为这是一个绝妙的数学创作，它会训练你的数学思维。

……

1983年12月4日给天文的信中，与他谈论数学学习的特点：

……

你在自学罗氏几何中遇到困难，这是正常现象。但是只要坚持一下，很快会从"山重水复疑无路"的地方突然跃入"柳暗花明又一村"的境界。早在50年代，华罗庚就告诉青年数学家：数学具有逐步深化的性质，有些问题如果停留在原有基础上是很难弄清楚的。但深入一步之后，再回头看前面的问题就会变得很简单了。等你全面学习了罗氏几何之后，再看你现在所感到困难的地方，也许就是最引人入胜的地方。从这些地方可以得出惊人的结果。现代数学的一个伟大教训是：一个很小的原因，可以引出惊人的结果。伽罗华成为有史以来二十五位大数学家之一，足以证明这一点。因此，对于一个有志献身于科学事业的人来说，所遇到的困难，便是他获得成功的机会。你必须牢牢记住，从你现在的学习中可以积累将来研究的课题和资料。现在所感到的困难，也许会引出你将来的伟大发现。你必须抓住每一个困难不放，坚决彻底地把它解决清楚。

……

1984年元旦给天文的鼓励信：

……

在这送旧迎新的时刻，一个有理想、有抱负的人应该回顾一下自己一年来所取得的成绩，分别订出新的一年中的计划。一个人在回首往事的时候，如果没有因为过去的碌碌无为而羞耻，也没有因为虚度年华而悔恨，他就不愧是一个伟大的人、一个高尚的人。光阴如箭，年华易逝。必须抓紧一切时间，为自己奠定好人生伟大事业的基础。

"冲开血路，挥手上吧！要致力国家中兴。"

祝新年快乐！

父母字
1984年元旦于瑞安

1984年9月13日给天文的信中，指导他关于写读书摘要，以此来培养创造性智慧：

孟子：

你好！

你9月9日的来信已于12日收到。知道你选修科技英语，正合我意。今后两年你必须集中精力把英语和数学基础打好，而且这两个基础必须绝对扎实，以便将来能在此基础上建立起举世瞩目的高楼大厦。

关于写复习摘要，我的意见是暂时写提纲形式为宜。因为就你现有的知识而言，写详细的通论形式还是不够的，还需要很多的补充知识，学习许多经典著作。特别是你对微分几何还要彻底搞一番，否则对黎曼几何的理解就会缺乏直观的形象。所以先写提纲形式比较妥当。不过对于那些你比较感兴趣而且理解较深的部分，可以写得详细点，发表一点自己的见解，并对原著做一些评论。另外，在写作过程中除参考你已经精读过的一些书本外，还要大量参考其他经典著作，把有关的重要材料引入你的提纲中，并注明参考书的书名和页数，以便今后复查。你在写作过程中，遇到未学过的基础知识必须及时补学，对其中特别感兴趣的课题可以专门拣选出来另立一篇，作为今后论文的基础。这样写成的提纲会比较有价值，一方面可以促进自己学习，另一方面也可以为今后写正式著作打好基础，即可以作为一个蓝本。如果目前就写成详细的通论形式，难免流于抄书形式，会枯燥乏味，没有实际价值，时间也会浪费在不必要的重复之上。

……

你在写提纲的时候，要抱定这样一个念头，即必须认为自己在写一本著作，是要拿去发表的、要公之于世的。因此处处要精细正确，行文要精炼优美，要旁征博引，要有独到之处，使行家一眼就能看出你的数学功底有多深。这样既能锻炼写作能力，又能把自己学到的知识系统化。更重要的是能逐步培养和发挥自己的创造性智慧。大物理学家泡利在学生时代就写出了一本《相对论》，很有特色，具有独到之处，得到物理学界的好评。

……

祝你学习进步！

父母字
1984年9月13日于瑞安

1985年4月8日写信与天文谈考研究生的事：

......

世事如棋，一着争来千古业。能够为你争来千古业的一着就要到来。努力奋斗吧！走好这一着，我们在等着你的胜利。

1985 年 5 月 11 日信：

......

5 月 6 日来信已经收到，获悉你期中考试成绩居全班之首，全家都很高兴。望能再接再厉，争取更大成绩。

二弟目前正在努力奋斗，看来胜利是属于他的。苍天从来不负苦心人。勤奋和毅力可以感动上帝，决心和勇气可征服恶魔。切记！切记！

家中生意兴隆，创开业以来之最高纪录。最近卫生部门竟派人送来先进工作者奖状和奖品，真是做梦也没有想到的。一笑！

努力奋斗吧！光辉灿烂的未来正等着你去创造，无限美好的时光就在前头。

......

1985 年 12 月 19 日的信中与天文谈关于研究生志愿选择及有关王宽诚基金留学报考的事：

......

来信已于今日收到，知道你已报考上海交大系统理论和系统工程研究生班，我很高兴，表示完全支持。因为在系统理论方面上海交大占有优势，比复旦大学同类专业还要胜一等，而且近年来上海交大进行了比较全面彻底的改革，已成为一所在国内外享有盛名的现代化高等学府，加上历史悠久，校友遍布国内外。你如能考上上海交大，对你今后上进和出国留学是很有利的。望你全力以赴，旗开得胜。

　　王宽诚留学招生简章和报名单，我已于12月15日收到，并于当日用挂号信邮寄给你，想已收到。有关专业选择我已在前信中提供参考意见。望你自己郑重考虑，作出决定。总的精神是一点：要能发挥你的优势，对考试有利。最好在《概率论和数理统计》与《代数几何学》两者之间作出选择。要抓紧时间，尽快作出决定，在12月底办好报名手续，以免为此分散注意力，影响研究生考试。

　　……

　　离研究生考试只有两个月时间了，时间已经很紧迫，你要作一次最后的全面安排，有计划有步骤地把各门功课复习好。但是不要太紧张，要注意保养身体和脑力，不要太疲劳，使自己能经常保持充沛的精力和清醒的头脑。我们相信凭着你的聪明才智和多年来的刻苦奋斗，考取上海交大研究生是易如反掌的，至少是不会太困难。努力吧！胜利在望！

　　……

1986年4月23日信，祝贺天文考取上海交大研究生：

　　……

　　来信已经收到，获悉你已被上海交大录取，家里人都很高兴，特向你表示最热烈的祝贺。

　　你终于没有辜负我们对你的多年期望，实现了我们大家梦寐以求的夙愿。在人生奋斗的道路上又迈出了决定性的一步，为家庭赢得了荣誉，为你自己的人生事业开创了更加美好的前景……

你目前的任务是把复试应付好。复试以后还要准备毕业论文，同时还要抓紧时间把王宽诚留学考试复习好。总共只有八十天时间了，你必须做出合理安排。努力奋斗吧！苍天从来不负苦心人，你考取研究生就是证明。只要你努力，出国留学的夙愿也一定能实现。

西子在这次全市数学竞赛中得了一等奖，为家庭赢得了荣誉，小小年纪真有志气。她要我代她祝贺你考上交大研究生。这都是你为弟妹们做了好榜样。

……

1986年5月25日，写信鼓励天文珍惜目前大好时机去奋斗、去拼搏，去干一番轰轰烈烈的事业：

……

岁月匆匆，转眼间四个年头过去了，你胜利地完成了大学阶段的学习任务，为人生的未来事业打好了坚实的基础，不久将要起程去攀登科学宝座的更高峰。你是幸福的，值此人生的关键时刻，你要特别小心谨慎，处处严格检点自己，给学校留下好的印象，在杭大校史上留下光荣的一页。

一提起杭大我就感慨万千。在这里我曾经有过宏伟的理想，有过一番奋斗拼搏。这里曾给我留下许多美好的回忆。最后一次离开杭大时，三步一回头的情景至今记忆犹新。奈何生不逢时，未能成就一番事业为杭大争光，未能报答先辈对我的栽培之恩，我为此遗憾终生，常常暗暗垂泪。纵有百万富贵千万荣华，也不能洗去我心中的哀伤。人生没有比离开自己的理想事业更为痛苦的事了。因此，你是幸福的，你要珍惜这个难得的大好时机，去奋斗、去拼搏，去干一番轰轰烈烈的事业，为家庭、为母校、为中华争光。

……

1986年6月16日写信，与天文谈毕业论文：

……

来信已经收到，获知你的毕业论文已经写成了，我放心了。在"二维曲面上的初等几何"这样一个题目下，内容是相当丰富的。特别是答辩时需要相当熟练的非欧几何学的全面知识。一般学生是很难在短时间内掌握答辩所必须具备的全部基础知识。不过我相信你是能胜任这项工作的。因为每个暑期的坚持自学，使你在这方面具有比较广博的基础知识。只要你能把所学的知识全面贯通、深入思考，再加上自己的观点，写成一篇有水平的论文是不会很难的。

任鸿隽在其所写的《爱因斯坦传略》中指出："爱因斯坦在中学时代，不喜欢各种强迫训练及形式主义的功课。但当他读到几何学时，立刻产生浓厚的兴趣……因为几何学中理论的明确、演证的有步骤以及图形和说理的清楚，使他感觉到这个杂乱无章的世界中还有秩序井然的存在。"也许正是由于理论的明确、演证的有步骤以及图形与说理的清楚，使得几何学在远古时代就登入了哲学家的高雅之堂——不懂几何的人不准入内。但是，反过来似乎也可说，正是由于哲学家涉足，才使得几何学在人类文明的早期就建立起严谨的逻辑结构。

几何学在科学史乃至人类文明发展中的崇高地位是显而易见的。几乎在所有的文化中，人类都迷恋几何学。这里的原因可能是多方面的。除了人类生产活动的实际需要以及几何学在其他学科中的广泛应用之外，另外有两点原因是很重要的：

一、远在希腊时代就形成的几何逻辑体系一直被科学界乃至文化界所推崇。以古典公理法建立起来的欧几里得几何学，几千年来特别是几百年来一直作为科学理论的楷模。也就是说，从几何学的理论体系，科学家认识到了一门严谨的科学理论应该具有怎样的逻辑结构。现代的科学都是以此为楷模来建立其理论的。

二、几何学不仅在艺术和美学中有广泛的应用，而且被认为是关于空间和现实世界的真理。人类在进化发展中不仅追求物质的丰富，而且也追求精神上的满足、追求美的享受。如果说几何学曾经为艺术家创造艺术美做出过贡献，那么可以说几何理论本身就是几何学家为人类创造的至高无上的艺术品，它是大自然完美和谐的数学缩影。几何理论的数学美曾经陶冶过无数科学天才的心灵，使得他们有信心在"杂乱无章"的世界中去探索一种秩序井然的存在，去追求物质世界的统一。

非欧几何作为几何学大花园中群芳之魁首，曾令无数第一流的天才拜倒在它的足下，为它梳妆整容、涂脂抹粉。你现在所写的《二维曲面上的初等几何》一文，正好淋漓尽致地表现出非欧几何的数学美。罗氏空间中的三种曲面（球面、等距面、极限面）上正好实现三种初等几何，这理论本身就是令人陶醉的艺术品。你在写这篇文章时应多从数学美和对称这方面来扩发自己的观点，并多加进一些历史知识，开头加一个简要的几何学发展史。对比三种曲面上的初等几何时，简单介绍一下非欧几何的基本内容、发现经过及发展情况。克莱因的爱尔兰根纲领以群论的观点把三种几何统一在投影形式之下。

流形中初等几何的研究之所以可能，取决于图形的充分自由移动。因为只有这样我们才能利用单位杆尺进行各种几何量的测定。而能够用单位杆尺测量几何量，从而进行研究正是初等几何的定义……

作为大学生的毕业论文，这样写主要是汇报一下自己的学业心得和知识的深度及广度。论文要写得有重点，有你自己的想法，不要流于编书。

……

天武上中科大少年班的时候，我们还是主要通过书信往来指导他的学习和生活，鼓励他走一条不平凡的人生道路。

诚然，要想真正能够影响一个孩子的成长，特别是远在"天边"的孩子，仅靠写几封动人的书信是不容易实现的，还要依赖从小形成的"心灵通感"。只有你的心与孩子的心是相通的，他才会日夜期待你的来信，才会听从你信中的叮嘱。

天武在四年的大学阶段里，我们总共给他写了六十多封信，现在还保存着部分信件，下面摘录一些有关我们指导他学习和生活的内容。

1985年12月1日信：

……

来信已经收到，知道你已选了下学期的两门限定选修课。作为一个有志留学美国的学生，选修《美国史》是很好的选择。

文学类的选修课不知是否还有更合适的，例如《中国文学史》之类的课程或《古汉语》之类的都可以，如果不能更改就算了。

如果现在有时间的话，可以自学《多变量微积分》，做好笔记和习题，争取免试。不过自学有一个前提，那就是对本学期的必修课要绝对有把握，也就是说在本学期的功课有把握取得优秀成绩的前提下，才可以考虑自学免试课程。

英语是绝对重要的功课，这不仅是为了出国留学，而且对将来的发展也是绝对必要的，所以你必须全力以赴，在听、说、读、写四个方面都要狠下工夫。多听磁带、多读英语原著，学会用英语做习题，平时找个英语水平高的同学练习英语会话，有空尽量多做托福习题。

你目前的处境确实很特殊，但这不是坏事，而是好事。要知道，特殊的环境会锻炼出特殊的人物，而且有可能造就出一个伟大的人物。你要珍惜目前美好的学习环境，奋斗吧！

……

1985年12月26日信：

来信已经收到，知道你期中考试《高等数学》考了85分，在班级中是第12名，英语虽然只有73分，但名次在班级中也在中上水平，基本上还是可以的。吴永湄和叶国华老师来信都认为你考得不错，潜力很大，很有希望。

根据高中阶段的发展趋势，可以肯定今后还会有较大的上升。但是，你必须注意，我们的目标是远大的，不仅要求名次上升，而且要求真才实学，要求有过硬的真本领，要精深博学。因此，必须继续严格要求自己，时刻不能放松，做到分秒必争。

期末考试很快就要到来，你要有计划有步骤地进行全面复习。现阶段暂停自学其他课程，集中全力争取在期末考试中取得优秀成绩，名次要争取在10名以内，分数争取各科都在85分以上。

　　考试时不要太紧张，要保持高度的信心，争取临场发挥得好。解题、审题要谨慎，避免不必要的失误。

　　我们等着你胜利归来。

……

1986年4月12日信：

……

　　期中考试后自学《向量和张量分析》，这计划很好。因为《向量和张量分析》是理论物理最重要的数学工具之一，特别是在场论和相对论中更是重要，这方面知识基础不扎实，就寸步难行。

　　去年寄给你的书中有一本《向量和张量分析》，你自学就以这本书为中心，再参考其他有关书籍。同时，相对论的自学也不能停，可以一起进行，这样可能会更增加自学向量和张量的兴趣。

　　不过，我重复一个原则：必须把本学期的功课学好，在绝对有把握的情况下，再自学其他课程。反过来说，自学其他课程也是为了深入理解本学期的课程。这样，既能取得优秀成绩，又能获得广博的知识。

……

1986年1月13日信：

......

来信已经收到，获悉你高等数学成绩在班级中数一数二，并能抓紧时间自学各门功课，又旁听原子物理学课，我们很高兴。望能继续努力，坚持不懈，争取优秀的成绩。

现在开始，你可抓紧一段时间自修电动力学或热力学，具体由你自己安排，总的目标是备考CASPEA。从现在开始到明年11月，正好还有一年时间，你可具体计划一下，根据你自己学过的和未学的课程，制订一个严格的时间表，使自己有计划有步骤地准备好CASPEA，首先力争预选成功。

一个人只要有明确的目标和实现目标的决心和勇气，那么奇迹总是会出现的。努力奋斗吧！胜利和胜利的报偿必将属于你，而我们也将分享你胜利的欢乐。记住：

Where there's a will, there's a way.

......

1987年2月28日信：

......

你们兄弟二人出门之后，家中虽然仍有很多人，但是我们总有冷清、寂寞之感。我们每天都盼着你的信，今天总算盼到了，看了之后，我们很高兴。

十几年来，我们看着你一年一年慢慢地长大、成熟起来，一步一个脚印地前进，在求学的道路上取得了一个又一个胜利，我们心里是多么高兴啊！但是，我们也不曾忘记，每一个胜利都来之不易，都是你努力奋斗拼搏的结果。正如曹雪芹写《红楼梦》一样，字字得来都是血，十年辛苦不寻常。

> 现在你又到了人生道路的关键点上，你必须好好把握，只有这样你才能既保住以前争取来的成果，又能为自己开创更加美好的未来。
>
> 现在你必须集中全部精力把 CASPEA 课程全面学好，首先要尽早把考试的具体课程和范围了解清楚，然后制订好全面的学习计划。有利的条件是，你所上的课程和自学的课程基本上是留学考试的课程，所以只要把所修的课程认真彻底地学深、学透、学好，再多做一些强化练习就基本上可以了。
>
> ……

1987年3月10日的信中，我们特别强调了身体的重要性，向他提出五点健身措施，要求他执行：

> ……
>
> 身体是一切事业之根本，对于你的体质状况，我们甚为关切，望能从现在开始全面注意体质的培养。特提出以下几点健身措施，无论如何，你必须执行：
>
> 一、绝对要注意营养，每顿饭都要按时吃得饱、吃得好，另外再增加一点全脂奶粉、新鲜水果之类的营养品。至于经济方面我们会尽全力支持的，你不必担心。
>
> 二、无论学习怎样繁忙，每天必须抽出一定的时间，进行室外健身锻炼，慢跑、散步、体操都可以，具体由你自己安排。
>
> 三、无论学习任务怎样繁重，必须给自己安排一个作息制度，保证每天至少有七个小时的睡眠时间。星期天适当增加几个小时，以消除一个星期的疲劳。
>
> 四、生活要有节奏，不能过于疲劳、过于单调，适当参加

一些娱乐活动，调节精神。

五、疲劳的时候洗洗热水澡，既可消除疲劳，又可调节精神。

以上几点你必须严格执行，因为你今后任务重大，只有保持强健的体魄，才能胜利地达到目的。

切记！切记！

……

1987年3月27日信：

……

你的学习计划我看后很满意，先把量子力学彻底精通，这对以后的学习很重要，回过头来再复习原子物理学和光学就会很轻松，这和华罗庚说学数学的道理是一样的。

昨天叶老师来信说你的学习成绩已进入班级中前几名，只要能保持下去，CASPEA预选不会有什么问题。如果预选成功之后，学校将配备高水平老师对你们进行专门培训，CASPEA胜利的希望就很大。

你信中说，伙食费之类最好还是少寄一点，你的勤俭习惯是好的，不过我们担心你今年学习任务繁重，怕你体质下降，对今后坚持学习有影响，所以多寄点钱给你增加营养、增强体质。这一方针是不能变的，我们将不惜成本，以有利你的学习和将来的发展。

……

1987年4月16日信：

……

来信已经收到，知道你很有信心地一步一步往前走，我们心里有说不出的高兴，至于"费了那么大的劲后，假如还是两手空空，怎么好见家乡父老"这一想法，作为你个人的责任感，我们是很感动的。

不过这种想法是错误的，一代军师诸葛亮早就说过："谋事在人，成事在天。"近人纪伯伦也有格言："人可贵的不是成就，而是追求。"

当一个人在谋事的时候，只要选定目标，就要全力以赴，不必为能否成功而担心，成功了当然最好，万一不成功也不足为忧。胜败乃兵家常事，绝不存在"怎么好见家乡父老"的问题。

更何况，你现在是在求学问，假使这次万一失利，而经过这次考验之后，也能锻炼你的能力，增长你的见识，为今后出国留学打好基础。今后出国读博士的机会有的是，所以只要你掌握了真才实学，有了过硬的真本领，就不必担心"费了那么大劲后，还是两手空空"。

你的信念很正确：种瓜必可得瓜。

期中考试后，稍事休息，调节一下精神，并多买些营养品补养一下身体，然后按既定的方针，部署下一步棋该怎么走。

……

1987年6月8日信：

……

来信已经收到，得知你期中考试成绩出乎意料。我们认为成绩在80分以上、名次在前10名之内，还不算意外。考试成绩在某种小范围内波动是正常的，并不足为奇，因为你的竞争对手都非等闲之辈。只要学得扎实就不怕一切，不过你也得总结一下这次的教训，以后引以为戒。

关于1988年CASPEA取消之事，我们深感惋惜，不过现在还只是传说，很可能是某些考生有意散播的谣言，目的是使竞争对手放松戒备，使自己获利。这种事以前也常有发生。所以你切勿上当，在没有接到正式的公文之前，决不可放松，仍须全力以赴，准备好所有考试课程，以便到时候能够应付各种考试。

即使CASPEA真的取消了，你把功课准备好了，对今后其他种类的留学考试也是有利的。一旦有机会，你就能胸有成竹，应付自如。

……

1987年11月3日信：

……

来信已经收到，获悉你已通过了预选考试，胜利地进入了CASPEA班，我们都很高兴，特向你表示祝贺。这是良好的开端，是成功的一半。你真不愧为蔡家的好子孙，望能再接再厉，争取CASPEA的最后胜利。

进了CASPEA班之后，就有第一流的老师指导你们准备应试，我不再予以干扰了。我相信你会把握好自己，按照老师的意图，进行全面计划，胜利必将属于你。

前天接到吴老师来信，他在信中说："天武同学入学两年来进步很大，不仅学习刻苦、勤奋，而且工作负责，有责任心。本学期担任物理科代表以来，工作很是认真，特别是他敢于直抒己见的作风，给我留下深刻的印象，只要他坚持不懈地努力向前，前途是无量的。"

看来老师对你的评价是很高的，望能继续努力，不辜负师长的深切期望。

……

1988年3月5日信：

……

来信已经收到，获知你已平安返校，家里人都放心了。

这个学期对你来说是人生的又一个关键时刻，而且比以往的任何一个关键时刻都更关键，不仅对你个人的发展有决定性的意义，而且对整个家庭也有举足轻重的作用。

记得前年除夕夜晚，全家团圆背诗时，你曾背过一句：世事如棋，一着争来千古业。

对我们的大家庭来说，一着争来千古业的时刻来到了，我们相信你必能胜利完成这一艰巨的任务，这可是我们蔡家人追求了三代的夙愿，你千万要把握好。

每当我想到这些时，生不逢时的感慨就会使我隐藏在欢乐下面的苦难的心返回到青春时代，返回到那追求奋斗的岁月，使我重新有了活力，重新年轻起来。

最近听到一首流行歌曲，它的歌词正好对着我们的心：

过去因为没有得到而伤悲，

过去也曾为此而后悔。

想起这一切的一切，

<u>那只是我心上的一个结。</u>

<u>我相信这个"结"在全家人的共同努力下不久就会解开，胜利必将属于追求不已的人。父辈的理想将在另一种更好的形式下得以实现。</u>

......

1988 年 9 月 30 日信：

......

<u>来信已于今天下午收到，获知你得了班级中的最高奖学金，我们都很高兴，特向你表示祝贺。望能戒骄戒躁，争取更大胜利。</u>

<u>吴老师也给我们来信报喜，说奖金虽然是微薄的，但所象征的荣誉是巨大的。</u>

<u>10 月 21 日的北京 CASPEA 复试，你抓紧时间，做好准备，力争在复试中取得好成绩，以便能选中理想的学校。这对今后事业的发展将会有很大的关系，不可掉以轻心。</u>

<u>至于怎样准备应付复试、口试，我们也没有经验，你得多问问 CASPEA 班中的指导老师。最近几天特别要把口语练熟。另外，要注意培养精神状态，到时候要精力充沛，仪表潇洒。最好早两天到达北京，可以适应一下环境，又可消除路途疲劳。</u>

<u>复试结束之后顺便游览一下北京的名胜古迹，特别要游一下长城。赴美留学之后不知何日能再游北京，至少也得四五年，所以游一下也有好处。长江、长城是中华民族的象征，必须要留在你的心中，把它带到异国他乡，使你永远不忘自己是炎黄子孙，永远不忘自己的祖国。</u>

……

1988 年 10 月 26 日信：

……

复试之后你的主要任务是把身体调节好，因为前几个学期你一直处在高度紧张的学习环境中，体质可能有所下降，所以这学期必须要好好地休整一下。保持强健的体魄和最佳的精神状态，去太平洋彼岸接受新的挑战，去做一番新的拼搏、奋斗，去干一番轰轰烈烈的事业。

调整身体的具体措施有以下三点：

一、注意作息制度，特别要做到有足够的睡眠时间，这一年中决不再熬夜、开夜车。

二、适当安排时间参加体育锻炼和文娱活动，最好多参加一些旅游活动。

三、注意营养。

学习方面你自己掌握，但无论如何不能太紧张，要把休整身体、调节精神看作第一重要，学习是第二重要，千万不能为了学习而影响身体。

其他各方面都要注意点，因为你在中科大的时间不多了，你要与老师、同学搞好关系。经过三年的努力奋斗，终于实现了冲出中国走向世界的愿望，中科大正是你实现这一愿望的摇篮，我们永远不能忘记它。所以你必须在出国之前的这段时间里，各方面都要做得好一点，给学校、师友们留下好印象。

在离开中科大之前，特别要在当年去中科大少年班复试的那座大楼底下拍一张照片作为永远的留念，那里有我们的心血和壮志，我们终于用事实兑现了自己的诺言。

……

抓住机遇，把握命运

当孩子还小，没有能力去把握自己命运的时候，父母应不失时机地抓住每一个有利于成才的关键点，不放过任何一个机遇。

远见和超前意识帮助我们区分什么是孩子成才真正重要的关键，什么只是眼前的虚荣，对孩子成才并无实质性好处。这样就使我们既能慷慨地放弃虚荣，又能不失时机地抓住每一个关键。

其实，成功者和失败者都付出了巨大的努力去苦苦地追求他们的目标。唯一的区别是成功者总是不失时机地抓住每一个关键，而失败者总是顾小失大，结果错失了许多难得的良机。

我们在教子成才的漫长道路上，无数次经历过这种关键时刻，如果我们麻痹大意错过其中任何一个环节，都将造成无法弥补的损失，有可能改变孩子的命运。

初中阶段分重点班时是天文求学道路上的关键时刻，如果在这种关键时刻，没有当机立断做出决策，消极地忍受不公正的待遇，那么必将影响他的心理状态，使他丧失斗志，造成学习障碍，最终会影响他的前途。

如果在报考中科大少年班的关键时刻，我们没有全力以赴、抓住机遇，那么天武就不可能进科大少年班，也就不可能赶上李政道的CASPEA末班车，那么他的人生历程就得重写，他的前途、他的命运将是另一副样子。人生的关键处往往就差那么一两步，孩子还小，没有能力去把握自己的命运，父母的责任就在于不失时机地抓住每一个有利于成才的关键点，不放过任何一个机遇。但是，千万不能为孩子预支鲜花。

不断攀登，永不满足

生命的意义体现在从一个欲望走向另一个欲望的快乐之中，而不是从一个满足走向另一个满足。不断地为孩子们设定并调整更高的追求目标，不安于现状，不在胜利面前自我陶醉。这是走向更大成功的关键所在。

对于一个优秀的学生，如果没有新的更高的目标可供追求，就容易产生自满情绪，而且也容易降低读书的兴趣，这对学习极为不利。另外，对于人生来说，没有追求也就没有幸福可言。我曾教孩子们背诵过鲁迅先生的名言："幸福永远存在于人类的不安的追求之中，而不存在于和谐和稳定之中。"所以，我们从来都是把漫长的追求过程本身看成是人生最美好的阶段，并不一味等待胜利日子的到来，否则就无法想象我们是如何走过二十多年漫长的苦苦求索的岁月的。

而且，事实上，以前那段奋斗与追求的日子，确确实实是我们人生最充实、最美的岁月。后来，胜利的辉煌虽然给我们带来了荣誉和满足，但就我们内心的实际感觉来说，远没有昔日的奋斗岁月那样令人陶醉。

就我们亲身经历来说，生命的真谛确实是从一个欲望走向另一个欲望，而不是从一个满足走向另一个满足。我们总是不断地为我们自己也为孩子们设定追求的目标，总是在一个目标实现之后立即设定一个新的追求目标，从来没有安于现状，更没有在胜利面前自我陶醉。这是我们家庭的最根本的特色，也是我们走向更大成功的原因。

博士之家的光辉记录

我的六个子女，从小到大一点一滴成长的历程，我都写入为他们每人建立的个人档案里，并专门腾出一个房间存放它们，于是这个房间变成了档案室。

现在，孩子们在大洋彼岸把事业经营得有声有色，不断有捷报鸿雁传来。时光荏苒，孩子们也在不断地发生着很多新变化，于是，我就把那些可喜的巨变又丰富到他们各自的档案中。

长子蔡天文，从乡村孩子到美国宾州大学终身教授

看了你的博士授衔典礼录像之后，我们心中特别激动，企盼多年的壮观场面，终于实实在在地出现在我们的眼前。看着你头戴博士帽、身穿博士袍走上典礼台接受校长授衔时，我们热泪盈眶，昔日共同奋斗拼搏的一幕幕闪耀在我们的眼前：从九里小学的一个农村娃，到康奈尔大学博士毕业，总共就读过十一个学校，历时二十个春秋。其间我们经历过许多胜利的欢乐，也饱尝过无数艰难和曲折，曾登上一个个高峰，走出一个个低

谷，现在终于登上了又一个高峰，在追求人生理想的道路上又迈出了关键的一步，使我们未来的事业有了高起点。

天文、天武、天西三兄妹在哈佛大学哈佛像前 （2000年6月）

在康奈尔大学举行的隆重的博士典礼上，天文荣登典礼台接受校长授衔。天文的妻子余昀（普渡大学博士生）参观了博士典礼，把博士典礼的全过程都用摄像机拍摄下来。天文很理解我们的心情，知道我们多么盼望看到这一天的到来，所以他很快就把录像带寄到我们的手中，我们含着热泪，不知看了多少遍。上面的这段话，就是在我给他的一封信中写的。

康奈尔大学是美国常春藤大学联盟的成员之一，属全美最优秀的大学之列，排名在前十名之内。

康奈尔大学校园非常漂亮，到处是绿地鲜花，号称世界最美的校

天文荣获奈尔大学博士学位　（1996年5月）

园。天文的导师是美国科学院院士、著名数学家劳伦斯·布朗（Lawrence Brown）先生，是统计学领域内的权威学者。

2000年，天文由于在学术上过人的才智及高尚的人格魅力，获得了美国国家科学研究基金，不久就被聘为美国宾州大学的终身教授，成为宾州大学历史上最年轻的终身教授之一。

而今，天文还兼任了两个专业领域的最权威刊物《美国统计年刊》和《美国统计学会会刊》的副主编，并担任了美国国家基金会的论文审查工作，到2006年共发表学术论文三十七篇，曾六次应美国哈佛大学的邀请前去演讲。2005年7月，他接受北京大学、复旦大学和浙江大学的邀请进行学术讲座。2006年6月，他到中国科学院作学术演讲并为博士生讲课。

天文留美之后多次回国探亲。虽然吃了那么多年"洋饭"，但一回到家里，他仍然是"土孩子"一个。中华文化的伟大魅力，使炎黄子孙永远忘不了祖国的山和水、人和情。

现在的天文，已是两个孩子的父亲，但一回到我们的身旁，却依然是一个可爱可亲的孩子。虽然远在太平洋彼岸，他仍然能感受到我们的那份深切的爱，他在给我们的贺卡上写道：

　　纵然空间分隔了我们
　　纵然是天涯海角
　　那份关怀之心
　　却长伴我左右

炎黄子孙的中国情深藏在他的心灵里、血液里，是永远不会泯灭的，在尽忠报国思想熏陶下长大的孩子不可能忘记自己的祖国，报效祖国只是时间问题。

天文以他的出众的才华和勤奋开创了他的学术事业，在实现人生理想

在上海交通大学时的天文 （1988年）

的道路上走出了成功的一步。现在正值他人生的黄金时期，风华正茂，如日东升，前途无量。他不会忘记家庭和家乡父老对他的深切期望，必将继续努力，创造出更大的辉煌，为人类的科学事业做出更大的贡献，为家庭争光，为故乡争光，为中华争光。

次子蔡天武，从"蔡天武银行"行长到李政道主办的 CASPEA 公派留美博士生

提到蔡天武，还得从"蔡天武银行"说起。

在天武三岁的时候，我们就开始培养他储蓄的习惯。他上小学之后，我们做得更规范，专门为每个孩子制作一个存折，样子几乎与银行的存折一样。每个星期我们给他们一些零用钱，没有花掉的就存在我们这里，在存折上记上一笔。学业优秀时我们给他的奖金和过年时亲友给他们的压岁钱也在存折上记一笔。这样几年下来，存折上的存款越来越多，他们的兴趣也越来越大，并且慢慢地懂得了积小钱可以成大款的道理，还养成了计划花钱的习惯。

从小储蓄的习惯大大地培养了天武的理财兴趣和能力，在初中时代就开始表现出他的特长。有一次，我们偶然在小女儿天西的书包中发现一个存折，这个存折不同于我们发给她的存折，上面写着"蔡天武银行"，里面也记着一笔笔某月某日存款取款的记录。我问了天西之后才明白，原来天武模仿我们办了一个自己的"银行"，并暗地里给四个弟妹做工作，叫他们把钱存在他的银行里，存钱一个月以上有利息；也可以向他借钱，借钱一个月以上也有利息。天武回家以后，我问他："你办银行拿什么去付利息？"他笑着说："国家不是也办银行吗？国家拿什么去还利息呢？"弄得我们大家都哈哈大笑。

天武获得罗切斯特大学博士学位　（1995年）

后来天武十四岁就考上了中国科技大学，十七岁又考上了著名物理学家、诺贝尔奖得主李政道博士主办的 CASPEA 留美博士生，二十五岁于美国罗切斯特大学获得物理学博士学位。他总结了一套经济物理学理论和资金运作的方法，由于出众的才华和经济物理学方面的造诣，很快就被纽约一家投资公司（Miller Tabak&Co.）高薪聘用，出任基金管理经理。这个位置是许多美国高级人才羡慕的好职位。由于杰出的业绩，天武于2004年5月被美国最大的、素有"金融界哈佛"之称的高盛公司聘为副总裁。

天武在儿时曾因好玩而办过"蔡天武银行"，现在命运却把他造就成一名杰出的经济人才。我们无法确认两者之间有什么必然的联系，只能感叹上帝创意的微妙。

岁月的力量会把一些无意的行为逐渐积淀成心灵深处的一种模式。童年时代的儿戏会为日后的事业奠定心理上的根基。"蔡天武银行"也许纯属儿时的游戏，谁也不曾想到将会对他未来的事业产生什么影响。可是后来的发展证实了童年时代的儿戏确确实实为他日后的事业奠定了精神上的基础。

美国南加利福尼亚大学教授伊斯特林通过长期大量的研究指出：人的"幸福感觉"定格于高中时代。而我们的经验则可证明："人生理想"的雏形是在初中时代形成的。不管生命是如何从一个欲望走向另一个欲望，但总是需要少年时代形成的心理做支持。

小女蔡天西，从瑞安最小的小学生到二十二岁的哈佛大学博士毕业生

1995年，即在中国科技大学学习的蔡天西十八岁那年，她先后收到美国十几所名牌大学的博士生录取通知书，所申请的十几所学校几乎全部录

取了她，其中排名较前的十所大学分别是：

1. 普林斯顿大学

2. 麻省理工学院

3. 哥伦比亚大学

4. 芝加哥大学

5. 宾州大学

6. 纽约大学

7. 圣玛丽亚大学

8. 伊利诺伊大学

9. 北卡罗来纳大学

10. 拉古斯大学

这十几所大学都是美国名牌大学中的佼佼者，其中属于常春藤联盟的名牌大学就有三所：普林斯顿大学、宾州大学和哥伦比亚大学。芝加哥大学也是排名在前十位的名牌大学，而且素有"诺贝尔奖得主的摇篮"之称。麻省理工学院则是与哈佛大学并驾齐驱的全美最著名的大学，就像中国的清华大学与北京大学。麻省理工学院的排名在美国大学的工学院之首，但它早已不是一所纯粹的工学院，而是一所实力很强的综合性大学，很多非工科专业在美国也是数一数二的。

当时我倾向于选择麻省理工学院，有三个原因：其一是麻省理工学院排名第三，比芝加哥大学的排名更靠前；其二是麻省理工学院离哈佛大学很近，隔路相望——中国有"近水楼台先得月"的说法，今后转到哈佛较为方便；第三个更重要的原因是麻省理工学院曾经是我青年时代梦想过的学校，虽然在那个时代只能是妄想，根本没有实现的可能，但毕竟在心灵深处留下了永久的记忆。

天西最后选择了麻省理工学院。

天西四岁上学，成为瑞安历史上最小的小学生。九岁得到全瑞安市小学生数学竞赛奖，十一岁就读苏州中学中科大少年预备班（高中），十三岁获苏州中学数学技能竞赛一等奖，十四岁读中科大少年班，十六岁荣获中科大"三好学生"光荣称号，十八岁提前一年从中科大毕业赴美国麻省理工学院攻读博士，十九岁以全额奖学金被哈佛大学录取，不到二十岁便荣获哈佛大学优秀研究生光荣称号并获生物统计学罗伯特·里德奖，不到二十二岁又获国际生物统计学会北美东部区域在亚特兰大佐治亚春季会议上的奖项，最后又荣登哈佛大学博士宝座。

从就读于一所不是很好的小学，到最后问鼎世界首屈一指的哈佛大学，天西确确实实经历了一条顺利的求学成才之路。如果把这成功单纯地归结于机遇，是不科学的，也无法令人信服。的确，在我们看来这是我们长期精心策划设计、优教优学的必然结果。

年仅十八岁的天西去美国名校读博士的消息不胫而走。尽管我们回避了很多媒体的采访，但是家乡的知情者还是千方百计通过各种渠道与我们取得联系，进行了相关采访。

1995年8月7日，瑞安市德高望重的学界老前辈张翊中老师亲笔以"天之骄女蔡天西"为题报道了蔡天西的成才之路。

1995年8月22日，《钱江晚报》的华小波和潘良千以"瑞安城里第一家"为题报道了蔡天西赴美国麻省理工学院攻读博士学位。

1995年8月，季品三先生在台北《温州会刊》和《联谊报》以"蔡天西和她的哥哥们"为题报道了天西的求学过程和赴美留学的喜讯。

1995年9月30日，《温州日报》记者金志敏以"博士之家"为题对蔡家兄妹的成才之路做了详细的长篇报道。

另外还有《浙江日报》《南方周末》《海南日报》《深圳特区报》《读者》等一些报刊和杂志也先后做过报道。

我们把这些热情洋溢的报道和溢美之词，看成是家乡父老和师长们对我们孩子的关爱。这不仅是对我们孩子的鼓励和期望，也是对天底下所有

天西从小到大的成长轨迹

望子成龙的父母们和争取成才的孩子们的一种鼓励和启发。

所有这些报道，天西本人都没有亲自看到，为了使她在没有压力的环境中进一步向更高层次发展，我们也没有向她讲述任何报道的内容。

在天西告别师友的晚会上，李金寿副市长发表了热情洋溢的讲话。李市长已经是第二次驾临我们家的告别师长晚会。第一次是1990年7月30日的天文赴美晚会，那次他正在发高烧，却仍坚持带病来参加。

李市长说：

"看到你们一家三个博士、三个大学生，我心里有说不出的高兴和钦佩，这是瑞安人民的荣誉。希望三位将来学有所成，能够为家乡、为祖国做出贡献。"

陈春玉、林一微、端木稿等老师也都来为天西送行，祝贺天西的胜利。其实在我们看来，这也是他们的胜利，我们应该向他们祝贺。作为启蒙老师，作为园丁，没有比看到自己曾经栽培过的苗木茁壮成长、开花结果更高兴的事了。

1995年8月15日，十八岁的蔡天西带着父母和家乡父老的殷切期望，登上了飞往太平洋彼岸的飞机，走向一个新的奋斗天地，开始了她的博士生生涯。

天西进麻省理工学院之后，开始对统计感兴趣，修了好几门统计课程。而哈佛大学的生物统计专业是全美知名的，当时与华盛顿大学的生物统计专业并列第一。在这些因素的促成之下，天西决定申请哈佛大学的生物统计专业。

1995年年底，天西向哈佛大学提出了申请。

天西的幸运就在于，她所想要的东西总是能那么顺利地得到。不久她就接到哈佛大学措辞优美的录取通知，哈佛大学生物统计系以最高的全额奖学金录取了她。

天西博士毕业之后，哈佛大学聘任她做了一年博士后。第二年（2000

年夏季），天西开始申请工作。华盛顿大学、斯坦福大学、宾州大学、北卡罗来纳大学等大学都愿意聘任她为教授，也有许多大公司欲聘任她为研究员。最后，她选择了华盛顿大学，因为这里对她的事业发展最有利。

2000年6月22日，天西前往西雅图，到华盛顿大学走马上任，开始了她新的人生征途。由于在专业研究领域的基础成果，两年后又被哈佛大学聘任回来，现执教于哈佛大学生物统计系，她所带的博士生比她大十二岁。

心里话：愿天下的父母都好梦成真！

望子成龙、望女成凤几乎是天底下每个父母的共同心愿。就是因为这份难能可贵的心愿，促使人类一代胜过一代不断发展、不断进步。同时，也正是由于这份心愿，使天下的父母甘愿经历几多坎坷、几多艰辛。

曾有人想探讨"怎样才能轻松做父母"，这是一个很诱人的话题。因为，做父母确实很累、很累。如能轻松做父母当然是件大好事。但是根据我们几十年的经验，没有人能找出这个问题的答案。而且天下的父母也从来不会有人真的想去找这个问题的答案。即使有，也无非是个别时运不济的父母在无奈凄凉之余暂时发出的叹息而已。只要是正常生活着的父母从来就不会追求轻松，而且事实上也不可能轻松。对于较差的子女，父母为了使其变好，不能轻松自然不用说了；即使是优秀的子女，父母都会盼其更好，仍然不能轻松。

这是人类千万年来进化程序所注定的，是人类进步的一种动力，也许这就是所谓的"可怜天下父母心"的生物学本质。真正追求轻松做父母的人，肯定不会是好父母，而且，这种人因为没有把子女培养好，所以他们也不可能有真正的轻松。

"让孩子像野花一样自然生长"，这本是关心儿童成长的作家想出的一个口号，主要是针对现代社会给孩子太多压力而发出的善意的呼吁，并不是一种教育学上的理论。如果把这种关心孩子成长的呼吁看作教育学上的金科玉律是不适当的，因为任何一种科学的结论都是不能凭感情取舍的，而只能让事实来说话。

人类之所以区别于动物，完全是由于教育和学习的结果，而且最重要的是家庭的早期教育。不管是人类总体的每一次进步或单一家庭的每一个成果，都离不开艰苦的教育和学习。而这教育和学习就本质而言，都是对自然的纠正和对野性的改造，绝不是让孩子像野花一样自然生长。如果真的一代一代都让孩子像野花一样自由自在地生长，那么人类肯定还在茹毛饮血阶段。父母应该是辛勤的园丁，不断地浇灌和修理你果园中的树木，使它们更好、更快、更美地成长成才，结出更大的果实。

现代科学的发展，人类已经有能力全方位地去改造世界，从无机的自然界到生物界到人类，从分子、原子到基本粒子，甚至人类的基因都属于被改造之列。用无土栽培法让一棵普通的西红柿树结出一万三千个果实，乘坐航天飞机可以遨游太空、登上月球……为什么唯独在决定人类智能发展的早期教育这一重大问题上必须停留在无能为力的原始阶段，采取等待成熟的消极态度，而让孩子像野花一样自由自在地生长呢？为什么不能通过有效的非放任自流的教育方式使其朝有利的方向发展呢？

人类由动物进化而来，生下来就具有动物的本性，其之所以成为万物之灵是因为具有学习的本能。如果不从一开始就充分利用这一本能，让孩子的智能得以开发并学习规范的行为习惯，则其动物性的本性便得到充分的发展，等到以后开始正规教育时，必须用很大的力气才能把这些"野性"纠正过来。于是人们只得与孩子一起去经历"再教育"的艰难岁月。这对孩子来说，不仅是时间上的浪费，而且再教育的效果如何也不得而知。大脑皮层上动力定型的改变不是一件轻松的事，教育上流逝的时间往往是一去不返的。这就是善良的人们对儿童真诚关切所带来的苦果。

王东华先生在《发现母亲》一书中有关于家庭教育的精辟论述。他指出，灿烂的世界古代文化是由一个近乎完美无缺的家庭教育体制创造出来的，历史上天才辈出的时代无不是家庭教育的结果。古代中国也曾有过良好的家庭教育，正是这种完美无缺的家庭教育，酿造出了这至美的文化美酒，使中国古代出现了罕见的文化鼎盛时期——百家争鸣时期，造就了一大批包括至圣孔子在内的世界级大师。至今炎黄子孙引以为荣的华夏文明同世界其他文明一样是家庭教育的结果。后来，由于家庭教育的衰落导致中国文化和道德风尚的全面衰退，最后导致国力的衰弱。

只有民智才是国家进步和民族昌盛的关键。日本用民智书写了激荡的百年史，并在战后的废墟上迅速发展为世界经济强国。美国和苏联的崛起也全都与民智息息相关。

民智必须从教育抓起，而教育必须从孩子抓起，因此归根结底必须从家庭教育抓起。中国要中兴、要富强，再造中国的家庭教育刻不容缓，幻想不经过艰苦的民族素质的提高就能实现富国强民是不可能的。

由此可见，教育孩子成才不仅是关系到家庭发达的小事，而且也是关系到国家富强、民族昌盛的大事。愿天下的父母们都能投身到这个伟大的事业中来。令人惋惜的是，虽然望子成龙、望女成凤是天下大多数父母的共同心愿，但是仍有许多父母沉迷于做生意赚钱或其他所谓事业，放松了对孩子的教育和管理，让孩子放任自流或将孩子托付给不懂教育的人，以致错过了最佳教育期。这些无知的父母往往是以自己"没有时间"为借口，来开脱自己的失职。其实这是完全站不住脚的，如果说自己没有时间教育孩子等于说自己没有时间做人，除了极少数万古流芳的千秋功绩之外，在这个世界上难道还有比教育好自己的孩子更重要的事吗？长此以往，必然的结果是拥有巨大财富和高官的同时发现自己一无所有。即便是那些创造丰功伟业的一流天才，或许确实无暇顾及一些日常琐事，但是为了人类的发展，他们也必须有意识地肩负起培养孩子的责任。

我们蔡家于明朝万历年间从福建泉州安溪迁居至浙江曹村南岙，至今

本书作者与"大彻大悟"在一起　（1999年9月）

已有四百多年。蔡家历史上也曾累世名贤，荣耀仕途，还出过状元，民间就有"蔡状元造洛阳桥"的记载，广为流传。但自太祖盛德公至我爷爷位庆公，历经九世三百多年的漫长岁月，一直在浙口瑞安莘塍前埠横圹头、东安、北隅、曹村南岙世居务农。其间未尝没有人要教子成才出人头地，但却从未有过一个真正读书成才出仕的人。

从我爷爷位庆公含辛茹苦培养我父亲读书至中央法学研究所开始，到我的孩子这一辈问鼎哈佛大学博士宝座，经过四代人的不懈努力，才有了后代人才辈出的结果，才赢得了今日博士之家的辉煌，终于走出了瑞安莘塍这个我们蔡家人世居三百多年的弹丸之地，冲出中国走向了世界。

活了这么多年，经历了人生的风风雨雨，在过去的艰难岁月里，虽然我也曾仰问苍天该怎样来承受这坎坷的人生，可是从来没有一种苦难可以使我低头。不管是寄人篱下，还是破屋漏水的经济压力，都不曾使我屈服，我总是充满着必胜的信心去经历无数次的"雄关漫道真如铁"。从来没有等待命运之神的恩赐，总是尽自己的力量向命运之神索取本该属于我的胜利和微笑。虽然由于生不逢时使我错过了创造丰功伟绩的机会，令我抱恨终生，但是苍天也不负苦心人，凭着我的自信、我的坚韧不拔，终于以另一种形式赢来了我的胜利：孩子们个个都成才了。这也激起我更大的进取欲望，希望在孙辈培养出更多的人才。

　　与此同时，我衷心地祝福天下的父母们个个都可以将望子成龙、望女成凤的好梦变成现实！

我的成功经验适用于每一个家庭吗？

本书尚未出版时，已有很多家长和媒体朋友询问博士之家的秘诀，以及培养孩子成长的过程中遇到的种种困惑。本书出版后，更是引起成千上万读者的关注和热议。现将几个焦点问题拿出来与读者朋友们共享。如果您看完本书后，还有其他问题要问，请发电子邮件到：wdsysfq@163.com。

您为什么把教子作为自己的事业去追求？

一些父母把养育儿女当成艰苦的义务，并常常暗示甚或明示子女要孝顺、回报，长大后要为父母做什么，等等。这就像是对待我们自己的工作，我们都知道如果只把工作看成是自己的职责、自己谋生的职业，则往往重视的是有付出就要有回报，做了多少就要给我多少酬劳。

而事业则不然，在追求事业成功的过程中，重视的就不仅仅是回报，更多的应该是在过程中享受到乐趣。如果我们把做父母看做是我们终身的事业，那我们抚养、教育孩子就是一种命运赐予的享受：享受和子女相处的时光，享受看着他们成长的乐趣。所以今天我想强调的就是做父母是我们终身的事业。那样，我们的家庭教育就应该是一种享受。

教子不仅仅是学校的事情，更重要的是父母的事情。

您培养出来的孩子个个优秀，是一般家庭所不能企及的，这种效果是否与您奉行"精英家教"理念有关？这种"精英家教"理念可复制性强吗？适用于所有的家庭吗？

我们强调对孩子的理想教育可能是你所说的精英教育，即反对平常心，引导孩子追求崇高与伟大；反对顺其自然，强调教育干预对孩子的影响。所谓的"精英教育"模式，并不是简单的三岁学数学、五岁读小学、频繁跳级、反对平常心等，家教还需要家长本身有水平有精力去营造一个"精英教育"的家庭氛围。我的教育方法从实践上证明是成功的，至于是否适合所有的家庭，则与家长营造的家教氛围有关，与家长针对自己孩子个性所采取的因材施教的教育方法有关。如果家长实在没有精力和能力来亲历孩子的教育，就一定要有甄别地请一位气势恢弘的老师作为自己孩子的导师。

实际上，随着大学大众教育时代的到来，家庭的"精英教育"是一个非常必要的补给，它可以提升孩子在未来工作中的竞争力，实现宏大的人生理想，对孩子一生的幸福增添有分量的砝码。

您本人最引以为豪的，正是那套在外人看来近乎"魔鬼"的家教模式。您认同媒体评价您为"人才魔术师"的说法吗？你的孩子快乐吗？

我们的孩子从来都没有在高压下被动地学习。相反，他们是在轻松、愉快的环境下学习的，也正是由于这种愉悦的学习体验保障了他们持续旺盛的学习动力和学习兴趣，实现了一种自我激励式的自觉学习。

当然，良好的学习环境，家长必须花心思来营造。在我瑞安的老家，尽管居住条件有限，家里没有运动设施，但我还是自己动手做了一张多功能乒乓球桌，撑起来是球桌，放下来就是张床。放学回来，兄妹六人常常围着这张桌子鏖战一番。我还在一间斗室精心设计了灯光舞场，让全家人在每个傍晚都可以沉浸于欢乐的海洋。另外，我还专门从外地买来独轮自行车，六个孩子都同时站立于独轮自行车的杂耍表演至今还让我惊心动魄。这些丰富多彩的文娱活动放松了孩子们的筋骨，使他们玩时玩得通透，学习时就有了高效率。孩子们学习疲惫时，我还吹起悠扬的笛声让他们陶冶其中、乐在其中。在我的带领下，孩子们都学会了一两种乐器来点缀生活。

丰富的文体活动在孩子们的童年里积淀了多彩多姿的美好回忆，使得他们体会到了人生的乐趣，从而更容易懂得如何去追求波澜壮阔的人生境界，实现真正意义上的美丽人生。

"人才魔术师"的称号是不妥当的。"人才魔术师"的称号忽略了我们为成功付出艰辛的过程，仅仅看到了结果。殊不知，这是我们策划了几十年后才见成效的人才工程，牺牲了一些人们不愿牺牲或不敢牺牲的东西，做了一些人们没有想到或不敢想的事情。

孩子青春期逆反、不服从大人的管理，怎么办？

现在的父母聚在一起，总说自己的孩子难管、不听话。殊不知，孩子不听话是家长一手造成的。

作为父母，应经常问问自己要求孩子做的事情自己是否做到了。如果父母光说不做，对孩子的说教将是多么苍白！我们经常从孩子的口中听到这样的话：爸妈不准我打游戏，可他们自己却经常打游戏；爸妈要求我勤奋学习，可他们却经常打麻将；爸妈不准我们说脏话，可他们自己有时候又会说……有些家长面对孩子的这些质问，会理直气壮地说：我是大人，你还小。其实这样来为自己开脱的结果，就是让孩子以为成为大人以后就什么都可以做了。当然很多时候不是我们做父母的不明白以身作则的道理，只是没有意识到这种以身作则应该是随时随地、持之以恒的。认为偶尔的行为对孩子不会有什么影响，这样的想法是非常不可取的。可能正是由于父母不可取的"偶尔""点滴"日积月累，造成了孩子的不听话。

孩子年小幼稚，如同一张白纸，对父母的言行深信不疑。父母正确的言行会使孩子学到正确的处世方式；反之则会使孩子是非不分，甚至形成不良的行为习惯。"蓬生麻中，不扶自直；白沙在涅，与之俱黑。"孩子小学二年级这个阶段是行为品德养成的重要时期，而这种养成是要通过行为来实现的。一方面，孩子会非常注意父母的言行，确定他们的言与行是否一致；一方面则加以模仿，并在不断的模仿中形成道德标准。

所以，家长对孩子的教育不要再步入一个误区，认为对孩子的教育就是给孩子讲道理，进行说教。殊不知身教胜于言教，要孩子做到的事必须自己先做到，用斗志去激发斗志，用气概去培养气概，用道德去涵养道德，用对伟大的追求去引导孩子走向伟大。

听说您在教育孩子的细节上有很多独到之处，比如通过自制存折来有效地激励孩子的品行与学习，谈谈您是怎样具体操作的吧？

我们家经常在孩子中间开展各类家庭趣味竞赛、行为养成竞赛、知识竞赛等。作为竞赛的激励，我自己制作了六张存折，上面记录着每个孩子每次表现的评价分。

评价分积累到年终，孩子就拿着存折到父母那里"提款"，相应的积分对应相应的现金。孩子们可以自由使用这笔现金，挑选喜爱的东西，而且觉得那是自己努力的成果，颇有自豪感。

当然，"存折游戏"有需要注意的两个原则。首先，存折上的数目不应该太大；其次，给孩子们记录在存折上的数字，可以有领先者，但绝对不要有失败者，不要打击孩子的自尊心。

现在有许多关于少年班早慧学生产生心理问题的报道，您肯定让自己的孩子提前上学的做法不是一种冒险？现在关于孩子过早进入少年班、不适应生活的负面新闻这么多，为什么你还要坚持鼓励把孩子送进少年班？

关于少年班问题，要正确看待现在少年班的负面新闻。我对中科大少年班的情况非常了解，也有着深厚的感情。因为不适应环境而在少年班模式中被淘汰的学生毕竟是少数，个别不能代表全体，不能"以一眚掩大德"，绝大多数少年班的大学生毕业后到今天都有着卓越的工作成就；而那些被淘汰的少年，基本上是由于生活自理能力和社会适应能力太差的原因造成的。

少数媒体往往把很小的事情放大来提高民众的关注度，少年班负面的消息就这样被用来哗众取宠了。所以，如果想让自己的孩子早上学，就应该尽早实行早期教育，这里的早期教育的内容包括培养意志、品格、情感、智力等。如果早期教育做得好、做得全面，孩子以后的道路就会越走越平坦，这非但不是一种冒险，还是一种赢取未来成功的基础。关于这个问题，本书中有详细的论述。

您曾经说过不张扬孩子的成绩，不要给孩子预支鲜花，现在为什么又写书把孩子们的成功都曝光了？

父母发现孩子很优秀，拼命地给孩子到处宣扬、预支鲜花，只会徒然增加孩子的心理压力。我们所有的孩子考上大学、出国留学都未曾专门在家摆过酒席，我们尽量让孩子不露锋芒，保持平静，使他们在没有压力的环境中，轻松地按照自己的愿望去发展自己，而不必不断地向别人证明自己的优秀，这大大有利于他们的成长。

还有，很多家长总喜欢把优秀的孩子当作自己孩子的参照对象，孩子一旦表现得不合自己的意愿，父母就会埋怨。这种指责和比较除了加重孩子的心理负担外，不能解决任何问题。把自己的孩子和别人的孩子相比，只能给自己带来不满和痛苦，又伤害孩子的自尊心。其实孩子自身的超越和进步才是最值得家长关注的。在学习上，取得进步就是优秀，对孩子的要求是每天进步一点点。

家长要多花一些精力去真正关注孩子的内心体验，注意到他的每一次努力和每一个小小的进步，不给他设立过高的目标，信任孩子，信任比惩罚更能够激起责任心；永远做孩子前进路上的欣赏者，持之以恒地给予孩子欣赏和鼓励。如果上述这些家长都能做到，孩子真的就会发生神奇的变化。

这些年来，很多电话和书信纷至沓来，纷纷向我求教"教子圣经"。现在孩子们都已经长大成才，再来介绍他们的成功也不会对他们造成压力。正是他们的成功促使我六年来把自己的教子心得整理成文字，作为对读者的最好回答。我很高兴看到的是，我的教育方法可以实现天下的父母望子成龙、望女成凤的心愿。另外，2006年年底设立的100万元"蔡笑晚奖学助学基金"也用来帮助需要资助的孩子们。

蔡笑晚教育金句

1. 一套大家都满意的家教方法，培养出来的必然是四平八稳的平凡孩子，而要培养一个杰出的人物，必然需要一套特殊的方法。

2. 今人的各家理论只不过以不同方式重新组合了古人的信条。

3. 天才既不是遗传的，也不是单靠勤奋造就，而是早期良好教育的结果。

4. 天才所走过的路是无法重复的，你必须排除干扰，坚定地朝着既定方向前进，走自己的路。

5. 早期教育是一切教育中最重要的教育，是四两拨千斤，牵一发而动一生。

6. 好习惯的培养与好品格的养成是早期教育中非智力因素培养的两个关键，决定了一个人未来发展的高度与人生规模。

7. 每个人有每个人智力开发的时间，也不一定晚开的花就不美不香，梅花也很美很香。

8. 好的家庭教育必须先教孩子做人，没有一种高尚的道德情操、一种献身精神是不可能读好书的，更不可能成大才。

9. "神仙本是凡人做"的思想成了我教子成才的一项重要内容。

10. 人生最重要的是能够把目前的努力与未来的希望正确地联系起来。

11. 按照自己的远见来规划孩子的成才策略，既不跟在别人后面跑，也不和别人去争眼前的名次。

12. 人类能够给孩子提供的最好教育似乎仍然是苦难。

13. 我们决不轻易听信别人的传言，朝三暮四地改变育儿方法。

14. 学习语言少而精才能入脑，实用性强才能根深蒂固。

15. 背诵诗词和歌谣，除了能对口语和记忆力进行训练，还给日后的气概培养、道德素质熏陶打下了良好的基础。

16. 问几人钱财能保后代三世荣华，教子成才第一事。

17. 说历史，讲故事。促兴趣，塑灵魂。

18. 世间事，皆可待。儿教育，万勿等。

19. 凡教育，必艰辛。纠自然，改野性。

20. 所谓幼儿阶段和学前阶段的区分，纯粹是人为的划分，并不存在严格的生理学根据，起码对每个孩子来说是不同的。

21. 决不因为轻信和误判而延误孩子的最佳教育期，使得一个本来可以成才的孩子沦为平庸。

22. 自学在本质上是培养思考能力，重要的是学会如何自学。

23. 高徒从名师那里得到的其实不只是知识和学问，最重要的是出奇制胜的思维方式和所向无敌的气魄。

24. 教育和学习本质上都是对自然的纠正和对野性的改造，没有强制性也就谈不上教育。

25. 要追求物质上看得见的美好事物，更要追求精神上的、看不见的高尚事物。

26. 艺术教育是培养创造性思维的最佳方法。成功的科学家往往是兴趣广泛的人，他们的独创精神可能来自他们的博学。

27. 延后享受是犹太人教育的核心，也是犹太人成功的最大秘密。

28. 道德决定了一个人"志"的方向。

29. 崇高的道德是送给孩子的最大财富，是比百万家财更有价值的无价之宝。

30. 身教的同时必须及早开始说教，使他们从小逐步懂得在这个世界上生活的游戏规则。

31. 读书成才本身是一条艰苦而漫长的路，没有一种高尚的道德情操和献身精神是不可能读好书的，更不可能成大器。

32. 从小故事中发现大智慧，懂得大道理。

33. 好的故事不在多，关键是能够引起好的感觉和兴趣，成为构筑灵魂的材料。

34. 真正有用的人生哲理其实并不复杂，在几个简单的故事里就能找到做人的原则和应对困境的策略，并且受用一生，传承几代。

35. 伟大而明确的目的性是产生恒心和毅力的基础。

36. 如果没有恒心和毅力，即使有伟大的理想，也不可能成就伟大的事业。

37. 自信只能从小由家庭潜移默化，用爱诱发出来。

38. 一个被父母歧视的人不可能有自信，没有自信的人根本谈不上成才。

39. 早期的习惯培养对他未来的成才起着决定性的作用。一个没有良好习惯的人往往经不住"魔鬼"的诱惑和"恶兽"的恐吓，结果半途而废，一事无成。

40. 好习惯只有经过不断诱导、启发、磨炼才能慢慢地巩固下来，最后成为一种行为模式。

41. 尊重孩子的早期教育不会破坏孩子单纯的童年，反而使孩子养成良好的习惯。

42. 给孩子制作一个"存折"，用以激发他的上进心和创造力。

43. 从孩子会走路开始，我们就让孩子带路，以此增强他的自信，培养他的独立意识。

44. 莫随波逐流，在黄树林分岔处应选择人迹较少的一条。

45. 秩序应该是人间的第一法则，也是家庭和个人的第一法则。

46. 电视是早期教育的头号敌人。

47. 电视节目的"可预见性"，使孩子失去对未知事物的探索精神。

48. 人生的路，本来就是从不会中走出来的。

49. 我们强调勤学巧学、博览群书、全面发展，并在此基础上培养兴趣和发展强项。

50. 尊重他人、诚实守信的素质是从小时候礼貌待人、不说谎的习惯演化而来的。

51. 忍耐和宽容对于我们不仅是一种修养，也是一种赖以生存的手段。

52. 能忍耐者必能以柔克刚，取得最后的胜利。

53. 我们总是利用一切可能的场合向孩子灌输人生的大目标，培养孩子的气概。

54. "孝"是对父母之爱的回报，其他一切道德情操是"孝"的衍生。

55. 遗钱财，富三代；留功德，万万年。

56. 一个真正读书之家的形成是必定有其根的，没有几代人的共同努力，不可能造就出类拔萃的书香门第。

57. 重家教，好家风。益社会，利家庭。

58. 古有孟母三迁择邻而居，而我们多次搬家为的是让孩子尽早入学。

59. "顾小而忘大，后必有悔"，这是我们信奉的重要家训之一。

60. 不随波，不逐流。早培养，有远见。

61. 一株优秀的苗子，如果得不到好的栽培，很快就会埋没在荒草之中而无法成材。

62. 经常与老师沟通孩子的点滴变化，形成教育的合力，使孩子萌发的读书兴趣和求知欲望得到保护和发展。

63. 读书成才是一场马拉松赛跑，开头所处的名次不重要，重要的是要有真正强的实力，让孩子赢在人生竞赛场的终点线上。

64. 与学校较好配合，使孩子在一种宽松而又正规的氛围里学习，形成良好的心态，自信心和安全感自然而然地得到增强。

65. 看书看多了会形成习惯，一旦对书感兴趣之后就会自觉地去自学。

66. 点燃孩子心中的火花，呵护孩子追求理想的勇气。

67. 循序而渐进，熟读而精思。

68. 永远做孩子前进路上的欣赏者，持之以恒地给予欣赏和鼓励。

69. 一个自学能力强的优秀学生，不成功于此，便成功于彼。

70. 父母有责任担当起避风港的角色，使孩子这只初涉风浪的船儿找到停泊之所。

71. 旅游可以在孩子幼小心灵的空白图纸上描绘出永远不会褪色的美丽图腾。

72. 如果不重视灵魂的滋养，就会使孩子的心胸不够广阔，气概不够恢宏，进而影响其未来的人生规模。

73. 用斗志去激发斗志，用气概去培养气概，用道德去涵养道德，用对伟大的追求去引导孩子走向伟大。

74. 循循善诱，因势利导，这是情境教育的智慧。

75. 书信不仅联结着亲子两端，更联结着现在和未来，即便在电子化的今天仍不失为亲子交流的最佳选择之一。

76. 丰富而有目的的旅游活动对孩子的心灵成长、气概培育起着不可估量的作用，使他们未来的人生规模更宏大。

77. 早期识字教育的成功，使得孩子对读书的信心和兴趣都大大增加了。

78. 教育不是灌输，而是激发；不是斥责，而是鼓励。

79. 与孩子通书信是建立良好、融洽的亲子关系的绝妙手段。

80. 只要坚持一下，很快会从"山重水复疑无路"的地方突然"跃入柳暗花明又一村"的境界。

81. 通过书信来指导远在"天边"的孩子的学习和生活,这种筝线艺术所建立的心灵通感是其他交流方式无法比拟的。

82. 我想更懂你,不是为了抓紧你,是要你记得我们永远支持你,爱着你。

83. 人生没有比离开自己的理想事业更为痛苦的事了。

84. 要想真正能够影响一个孩子的成长,仅靠写几封动人的书信是不容易实现的,还要依赖从小形成的"心灵通感"。

85. 我们的目标是远大的,要求真才实学,要求有过硬的真本领,要求精深博学。

86. 一个人只要有明确的目标和实现目标的决心和勇气,那么奇迹总是会出现的。

87. 在人生道路的关键点上,必须好好把握,才能既保住以前争取来的成果,又能为自己开创更加美好的未来。

88. 一个人在谋事的时候,只要选定目标,就要全力以赴,不必为能否成功而担心。

89. 与孩子有了心灵通感,亲子间便有了一条牢牢联结彼此心灵的线。

90. 父辈的理想将在另一种更好的形式下得以实现。不能在青春年少时开怀畅笑,就要让自己笑在最晚,笑得最好!

91. 保持强健的体魄和最佳的精神状态,接受新的挑战,去干一番轰轰烈烈的事业。

92. 每个孩子身上都蕴藏着巨大的潜能,成功的关键在于我们能否找到发挥他们潜能的目标。

93. "立志以定其本,居正以持其志",这是确立努力的方向和树立奋斗的决心的两个关键。

94. 要敢为人先,成大事者最可贵之处是独上高楼望断天涯路。

95. 每个人都能从平凡的课题中得到伟大的发现,上帝很公正地把机遇留给那些曾为之付出巨大心血和精力的人。

96. 机遇垂青于有准备的头脑，幸运赏赐给勇敢的追求者。

97. 永远带着欢乐迎接雷霆和阳光。

98. 一个善于规划自我的人，总能把握自己的命运。

99. 小时候的一年比成人后的一年对人生的发展来说更加重要，时间管理的重要性也在这里。

100. 世界上的一切胜利都可以归结为时间上的胜利。

大家眼中的《我的事业是父亲》

·专家评介·

在蔡笑晚所著的《我的事业是父亲》中，我认为以下五点值得向大家推荐：

其一，蔡笑晚老师在教育孩子上有非同一般的远见卓识。因为他对教育的特殊敏感性，对孩子的教育抓得早、抓得紧，让六个孩子都走上了读书成才之路。

其二，蔡老师非常重视对孩子气概的培养。在"气概"的带动下，孩子们都具有很高的成就意识，不甘于平庸的没有创造性的生活，不断地向卓越迈进。

其三，蔡老师非常重视孩子的早期教育。他的早期教育很有特点，不是像一般人那样从识字开始，而是从数学开始。早期数学训练给孩子打下良好的数学基础，使孩子的数学思维能力得到了极大的开发，为以后的数理化学习提供了持久而强大的动力。

其四，蔡老师非常重视孩子自学能力的培养。也就是说，读书的本质是掌握学习方法，培养自学能力，而不在于掌握多少具体知识。这一观念对于当前的学校教学具有很大的启发意义。

其五，蔡老师的家庭中有一种永不满足、永远进取的精神。诚如他所说："生命的真谛是从一个欲望走向另一个欲望，而不是从一个满足走向另一个满足。我们从来不会安于现状，更不会在胜利面前自我陶醉。这是我们家庭的最根本的特色，也是我们走向更大成功的原因。没有这种精神，我们的孩子就不可能在学业上取得后来的成绩。"

总之，蔡笑晚身上既有传统父母的美德，又有现代父母的优秀素质。他的教子经验像一座储量丰富的金矿，虽然已经呈现给我们一些令人惊叹不已的成果，但我们相信，这里面仍有很多宝藏有待于我们继续发掘。

——王东华（华东交通大学母亲教育研究所所长、第十四届中国图书奖获得者）

蔡笑晚先生把"父亲"当作一生的事业来追求，与其说是一种精神，倒不如说是一种教育理念。我一向把教育孩子看成是自己的责任，责无旁贷，自己工作再忙都不敢忘记过问和关心孩子的学习和生活情况，因此也就有了好父亲的美誉。可我从来就没有想到教育孩子不仅是父亲的责任，而且还应是父亲的"事业"。作为教师，我感到惭愧。教师总是把教育学生看成是事业，教育子女只是义务和责任，这种教育"境界"的差异给很多教师带来了终身的遗憾：把学生培养成人成才，而孩子发展却不理想。

"爱别人孩子的是神，爱自己孩子的是人。"让我们老师先做人吧，先把自己的孩子教育好、培养好！由此，我也想到，教育孩子绝不仅仅是学校和教师的事情，家长责任重大啊！

——余文森（福建师范大学教授）

德国的卡尔·威特运用科学的方法把先天不足的儿子培养成杰出的人才，其作品《卡尔·威特的教育》被西方人奉为教育的"圣经"。而中国的蔡笑晚先生把做父亲当作自己毕生的事业进行追求。不仅把自己的六个子女全部培养成才，还不遗余力地资助、教化其他孩子，更值得我们学习和尊敬。

在蔡笑晚的作品《我的事业是父亲》中，他的教子方法有理论、有计划、有步骤，易操作，如果每个家长都能结合自己孩子的实际情况加以研究、灵活运用，必能造福于成千上万个孩子。所以，以下几点值得大家学习：

一、强调父亲角色在家庭教育中的重要性。在我的咨询中，经常会遇到这样的状况：父亲为了给家人创造更好的物质生活条件，整天在外奔波，而把教育孩子的责任推卸给母亲。还有不少年轻夫妇干脆从孩子生下来就一直交给老人带，这必然会导致孩子在成长中出现问题。等问题发生后，父亲又往往容易急躁，采取一些粗暴、强硬的手段来责罚孩子，导致父子关系的对抗，使孩子更加逆反。实际上，孩子的成长是不可逆转的，与其给孩子创造更好的物质条件，不如每天多花一点时间与孩子沟通，引导孩子向好的方向发展。父亲在孩子的教育上所扮演的角色是他人无法替代的。父亲是规则的制定者，是孩子模仿的主要对象。孩子往往更崇拜父亲，更希望得到父亲的认可。蔡笑晚先生的教育实践很好地诠释了这个观点，这对于当今社会呼唤父亲回归家庭，主动承担起教育孩子的责任具有非常重要的现实意义。

二、有计划有步骤地实施早期教育。然而，目前很多家长由于种种原因对儿童早期智力开发重视不够或者开发的方法不够科学不够系统，总是后知后觉，等到孩子入学以后才着手开始培养。殊不知，错过了儿童发展的关键期，未来的发展就会受到限制，需要花费更多的时间、精力才能弥补。

三、重视对孩子情商的培养。蔡笑晚先生的子女之所以都能取得巨大成功，与他非常重视对孩子的情商、对孩子的非智力因素的培养是密不可分的。他从中国几千年古老的文化瑰宝中汲取丰富的养分，同时吸收现代教育理论的精华，他用一个个先秦诸子的哲理故事来塑造孩子的品格，他用二胡美妙的音乐来陶冶孩子的情操，他不辞劳苦地带领孩子们走遍大江南北开阔他们的视野和胸襟，他重视对孩子的独立性、自觉性、自控力、自学能力和坚持力的培养和训练。长此以往，孩子们的成功就不是一种偶然而成为必然。

——沈忱（国家高级职业心理咨询师）

蔡笑晚先生用将近四十年的时间，用自己的心血和智慧向世人指出了一个事业发展的新方向——做个成功的父亲。正像他所说："把孩子培养成才是天下每位父母最要紧的人生事业，它在所有日常事情中永远排在第一位。"

蔡笑晚在其著作《我的事业是父亲》中体现出的教育思想是创造性的、超前的和富有成效的。可以毫不夸张地说，《我的事业是父亲》是当今中国的"家教圣经"，我们爱学家教育奉之为我们办学的"孙子兵法"。让我们共同借鉴他的理论和思想，结合我们自己孩子的情况在实践中创新吧。

——王运昌（爱学家教育创始人、汉字龙品牌创立人）

·读者反馈·

在教子的事业中享受乐趣，给自己的家庭塑造一个精英的氛围，让孩子在快乐之中学习，时时注意往正的方向诱导。用艺术的细节来保持孩子的兴趣，敢于让孩子早期就开始成功但保持对外界关注的低调。这就是蔡先生在自己书中的所作所为。

——王勇

数月前，网上一位朋友推荐给我一套家教专著《我的事业是父亲》，浏览后拍案称奇。在与孩子的关系上，蔡笑晚特别注重专家导师制，通过超前引领，尽最大可能开发孩子潜能，注重早期教育实效与质量，激发孩子上进求学获得成功。

——甘肃陇原治文斋主人

蔡老师，您写的书何止育儿典籍，实乃励志佳篇。

——百合

经人介绍我了解了您在电视台专访里的伟大，托人在省直书店买到了您的著作《我的事业是父亲》。拜读您的大作，不胜感慨万千。您的远见卓识，您的坚定执着，您的特立独行，都让我肃然起敬。您设立的奖励基金，更显示了您的博大无私。您的五子一女个个出类拔萃，足见您将"父亲"这个事业做得多么辉煌。

——河南省中牟县第四高中 冉军营

父亲对孩子的教育能做到如此细腻，着实感人！我很赞同这位父亲对孩子教育的重视。里头有一句很经典的话：莫要浪费上天赋予我们的聪明才智。每一个人都是一个可以开发的个体，都能成就一番伟业，这是我们不自知的。看了这本书，让我很有紧迫感，莫让时光虚度啊，否则耽误的不只是一代人。

——网友 ivypapa

· 媒体评论 ·

蔡笑晚在《我的事业是父亲》中与很多人主张语言教育不同，他教孩子数数，一直念到千位数；他还把《荷马史诗》写进家训；他认为孩子的能力和才华绝不仅仅是老师能够教给的，必须通过自学。

——《北京青年报》

"早期教育""从小立志""自学能力"是《我的事业是父亲》中蔡氏教育的三大关键词。"早期教育"是基础，培养孩子好的行为、习惯；

"从小立志"是让孩子有人生梦想,并在追梦过程中有动力;而"自学能力"则是人生成功的有效方法。

——《青岛晚报》

蔡笑晚在《我的事业是父亲》中所提到的精英成才模式之所以取得成功,首先是重视非智力素质的培养,孩子们虽然年龄小,但都有很强的心理素质,自理能力特强,能适应各种竞争环境。其次,更重要的原因是从小注意保护孩子的心理健康,从来不讲究排场和宣扬,尽量让孩子不露锋芒,保持平静,使他们在没有压力的环境中轻松地按照自己的愿望去发展,而不必不断地向别人证实自己的优秀,这大大有利于他们的成长。

——新华网

蔡笑晚这种把父亲当作人生事业来做的教子理念引起全社会热议和轰动的同时,其所著图书《我的事业是父亲》一经出版便一纸风行。他是怎样做父亲的呢?尤其是在温州这个市场经济发达的地方,培养孩子读书这样寂寞的"事业",尤其难得。

——《南方日报》

蔡老师的《我的事业是父亲》这本书,我不仅认真看了一遍,还在书中的重点之处画了很多线、做了很多标记,是大家值得读的好书。

——CCTV 新闻频道《小崔说事》

我要有孩子,也请蔡老师帮我带!全国的父母都应该看蔡老的这本书!

——凤凰卫视中文台《鲁豫有约》

六十六岁的他,正如其名蔡笑晚,终可在晚年开怀畅笑。而他历经六年撰写的《我的事业是父亲》,更成为今年热爆中国的著作,被家长视为"教子圣经"。

——新加坡《新明日报》

《我的事业是父亲》展示了"蔡氏家教"的四大秘籍：快乐教育、寓教于"游"、因材施教、因势利导。

——香港《文汇报》

三十三天天外天,
白云里面有神仙。
神仙本是凡人做,
只怕凡人心不坚。